小学体育教学设计与实践

苗 壮 著

吉林摄影出版社

·长春·

图书在版编目（CIP）数据

小学体育教学设计与实践/苗壮著. --长春：吉林摄影出版社，2022.5
ISBN 978-7-5498-5520-9

Ⅰ.①小... Ⅱ.①苗... Ⅲ.①体育课-教学设计-小学 Ⅳ.①G623.82

中国版本图书馆CIP数据核字（2022）第174448号

小学体育教学设计与实践

著　　者：苗　壮
出 版 人：车　强
责任编辑：罗　晗
封面设计：刘　华
开　　本：787mm×1092mm　1/16
字　　数：225千字
印　　张：9.75
版　　次：2022年5月第1版
印　　次：2024年1月第2次印刷

出　　版：吉林摄影出版社
发　　行：吉林摄影出版社
地　　址：长春市净月高新技术产业开发区福祉大路5788号
印　　刷：北京市兴怀印刷厂

ISBN 978-7-5498-5520-9　　　　定　价：48.00元

版权所有　侵权必究

序 言

记得三年前苗壮校长受邀以《心向阳光 行向远方》为题，为日照市中小学体育人做了一个关于自己专业成长的报告，"让阳光体育运动的光芒照到每个孩子身上，让阳光般的关爱照到学校的每个人，生活不只诗和远方，还有我们现在一起共处的美好时光"，我想这是他的体育梦。三年后他把多年来对学生的热爱，对体育事业的热爱，对教育事业的热爱，对生活的热爱凝练成文字，推出了这部新作《小学体育教学设计与实践》，这是实现"小我"体育理想的具体表现。

为全面贯彻落实习近平总书记在全国教育大会上的重要讲话精神，教育部办公厅于2021年6月23日正式颁布了《＜体育与健康＞教学改革指导纲要（试行）》，提出了进一步深化体育教学改革，对指导全国中小学体育教师科学、规范、高质量地上好体育课，更好地帮助学生在体育锻炼中"享受乐趣、增强体质、健全人格、锤炼意志"做了具体要求。正是基于课堂教学改革的现实需要，苗校长把自己多年教学教研所沉淀的思考与实践进行了总结和提炼，为我们所有从事小学体育教育的教师们奉献了这一本新作，为体育事业发展贡献体育人的智慧，这是实现"大我"体育理想的具体表现。

翻阅新作，仿佛跟随苗校长穿越时光，历览他从教28年，从一位普通教师到日照市教学能手、日照市学科带头人、日照市优秀教师、日照名师拔节式的成长蜕变；也感受到了他作为山东省中小学体育教学指导委员会委员、山东省小学教师远程研修课程专家、山东省教育学会教育管理研究专业委员会理事对体育工作的勤勉、孜孜以求和志存高远的朴素情怀；更让我看到了他从教师到校长，虽然岗位不断变化，但是对体育事业的热爱，对体育人的关怀矢志不渝，这些都深深地打动了我。新作中，无论是《绪论》、《体育教学设计的理论基础》，还是《体育教学设计总论》、《体育教学设计分论》都是苗校长用自己不甘平凡的勤奋学习、研究探索，勇于改革的科研精神根植于体育教育实践的具体展现，将蕴含在体育中的阳光、拼搏、向上的精神传递给每一位体育人，彰显体育人的正能量。

愿苗壮校长这部《小学体育教学设计与实践》著作能够带给读者们更多的思考、指导和实践价值，愿我们从这部著作中都能收获体育教学设计的方法论和体育教学设计实践能力的提升。有感而发赋打油诗一首：

炼其体魄育精神，
精巧设计培养魂。
细述教学设计史，
理论基础铺其根。
教学设计要求提，
方法程序表其意。

理性情感共增生，

完全人格育才人。

　　以上是我学习的一点体会，有不当之处还望指正。为有梦想的体育教师点赞！为坚持奋斗的体育教师喝彩！读体育人自己的书，让我们与有梦想、有思想、有情怀并坚持奋斗的体育人同行！

日照市教育科学研究院体育教研员　刘元玲
2022 年 4 月于日照

前言

体育课程是一门基础课程，是教育的重要手段。小学体育课程是基础性的体育教育课程，是贯彻"素质教育""健康第一""终身体育"理念的起跑线。小学体育课程教学直接关系着儿童的身心健康和成长，体育课能够培养小学生德、智、体、美、劳等综合素质，而儿童的健康和综合素质又关系到国家的未来。我国对小学体育课程进行了多次改革，并出台了《体育与健康课程标准》。小学体育课程经过多次改革后，传统体育教学中的问题得到了一定程度的解决，但还是存在一些缺陷，教学设计质量和教学质量依然处于较低水平，本书在查阅大量相关著作文献的基础上，精心撰写了《小学体育教学设计与实践》一书，以切实为提高小学生健康体质与综合素质的培养，提高小学体育教学质量提供科学指导与可行建议。

进入新世纪以来，我国基础教育课程改革正如火如荼地展开。作为学校课程体系重要组成部分的体育课程，也在发生着深刻的变化。《中共中央国务院关于深化教育改革全面推进素质教育的决定》指出："健康体魄是青少年为祖国和人民服务的基本前提，是中华民族旺盛生命力的体现。学校教育要树立健康第一的指导思想，切实加强体育工作。"在这一思想指导下，广大学校体育工作者以强烈的历史使命感和高昂的热情投入到体育课程改革中，确立"健康第一"的指导思想，树立"一切为了学生发展"的教育理念，认真实践课程标准，使体育在实施素质教育、培养德智体美全面发展人才方面的作用得到了充分的发挥。

在体育课程改革的实践中，广大体育教师都会面对这样一个问题，即如何进行教学设计，如何将课程标准所体现的现代教育有机地融入每学期、每单元、每节体育课中，将体育课上得生动活泼、引人入胜，更好地促进学生身体、心理和社会适应的健康发展。本书是深入进行理论研究、认真总结实践经验的成果。本书的主要阅读对象是小学体育教师，也可供普通高校体育教育专业学生和研究中小学体育课程改革问题的人员参考。

在本书出版之际，我们谨对为本书提供了教学设计方案的所有体育教师表示深深的谢意，并祝愿他们在我国基础教育课程改革中不断取得新的成就。由于水平有限，时间仓促，难免有疏漏和不妥之处，敬请广大读者和专家不吝指正。

编　者

2022 年 1 月

目 录

第一章　体育教学设计研究 ··· 1
　第一节　体育教学设计 ··· 1
　第二节　体育教学设计的意义、特点及基本要求 ································· 3
　第三节　体育教学设计的内容与步骤 ··· 13

第二章　小学体育教学概述 ·· 17
　第一节　小学体育教学的目的和任务 ··· 17
　第二节　小学体育教学的特点 ·· 19
　第三节　小学体育教学的原则 ·· 21
　第四节　小学体育教学的方法 ·· 23

第三章　小学体育教学内容 ·· 28
　第一节　小学体育教学内容的价值判断 ·· 28
　第二节　小学体育教学内容的选择 ·· 29
　第三节　小学体育教学内容的加工 ·· 31

第四章　小学体育教学管理与评价 ·· 37
　第一节　小学体育教学管理概述 ··· 37
　第二节　小学体育教学管理系统 ··· 39
　第三节　小学体育教学管理的内容 ·· 41
　第四节　体育教学评价概念、功能与原则 ··· 44
　第五节　体育教学评价类型、指标体系 ·· 47
　第六节　体育教师教学评价内容与学生的评价 ··································· 55
　第七节　体育教学评价组织、实施与发展趋势 ··································· 57

第五章　小学体育教学研究 ·· 62
　第一节　小学体育教学研究概述 ··· 62
　第二节　小学依育教学研究的方式、类型与步骤 ································ 65
　第三节　小学体育教学研究方法 ··· 71
　第四节　简单的体育教学研究统计方法 ·· 81
　第五节　小学体育教学论文与经验总结的撰写 ··································· 83

第六章　体育教学设计的理论基础 ·· 87
　第一节　体育教学系统论 ·· 87
　第二节　体育学习论 ·· 89
　第三节　现代教学理论 ··· 93

第四节　体育教学方法论 ································· 98
　　第五节　体育教学策略论 ································· 101

第七章　体育教学设计总论 ································· 104
　　第一节　体育教学设计的基本要求 ······················· 104
　　第二节　体育教学设计的基本方法和程序 ················· 106

第八章　体育教学设计分论 ································· 108
　　第一节　体育教学设计的准备工作 ······················· 108
　　第二节　体育教学目标设计 ····························· 110
　　第三节　体育教学策略设计 ····························· 114
　　第四节　体育教学情境设计 ····························· 115
　　第六节　体育教学活动设计 ····························· 117

第九章　不同体育教学模式的教学设计 ······················· 121
　　第一节　体育教学模式教学设计概述 ····················· 121
　　第二节　不同类型体育教学模式教学设计的介绍 ··········· 123

第十章　小学体育教学实践 ································· 128
　　第一节　小学田径教学 ································· 128
　　第二节　小学篮球教学 ································· 131
　　第二节　小学足球教学 ································· 133
　　第四节　小学软式排球教学 ····························· 134
　　第五节　小学羽毛球游戏与教学 ························· 135
　　第六节　小学乒乓球教学 ······························· 137
　　第七节　小学体操教学 ································· 138
　　第八节　小学武术教学 ································· 142

参考文献 ··· 147

第一章 体育教学设计研究

第一节 体育教学设计

一、设计的概念

"设计"一词被广泛应用于众多领域,然而人们对"设计"的理解却不尽相同。《现代汉语词典》的解释是,设计就是在正式做某项工作之前,根据一定的目的要求,预先制定方法、图样等。国外有学者认为,设计就是为创造某种具有实际的新事物而进行的探究。因此,设计是指在活动之前,根据一定的目的要求,预先对活动所进行的一种安排或策划。

设计与其他形式的计划的区别在于,它在计划过程中所要求的精确性、仔细性和科学性的程度不一样。设计者在系统地计划项目时必须非常精细和科学。粗劣的行为方案会导致不良的后果,如造成时间和其他资源的浪费,甚至危及生命。

二、教学设计

教学设计是 20 世纪 50 年代以后逐步形成和发展起来的一门新的实践性很强的应用学科,它是在教育心理学和教学技术逐渐整合的基础上发展起来的现代教学理论。

在现代社会,一般认为教学是通过信息传播,促进学生达到预期的特定的学习目标的活动。这种活动是为了让学生知道原来不知道的知识,学会做原来不会做的事情,并发展智力和能力。有人说:"只要掌握了所教学科的内容,谁都会教的。"这是把教学简单化了。实际上,教学是一个复杂系统,包含着多种要素的组合。教学设计是面向教学系统,解决教学问题的一项特殊设计活动。它具有设计的一般性质,又必须遵循教学的基本规律。

关于什么是教学设计,不同的教学论专家有着不同的解释,但其主要的解释大多是定位在教学规划、课程开发上。美国著名教学设计专家梅里尔认为,教学设计是一种以开发学习经受和学习环境为目的的技术。著名的教学设计专家加涅(RM Gagne)认为,教学设计是一个系统化地（systematic）规划教学系统的过程。教学论学者赖格卢思（CM Reigeluth）也形象地把教学设计比作是建筑设计蓝图的准备，把教学开发比作是实施这个计划的过程。而有些学者则把教学设计与教学开发视为同一物。我国的教学论研究者则普遍认为，教学设计是运用系统方法，分析教学问题和确定教学目标，建立解决教学问题的策略方案，评价实施结果和对方案进行修改的过程。

从以上对教学设计的认识，可以看出，教学设计是一个很大的概念，它是对教学的整体规划甚至是课程开发的概念。

三、体育教学设计的概念

体育教学是一个特殊的教学过程。与其他学科相比，体育课程承担着促进学生身心全面发展的任务，其教学过程不仅是身体活动过程也是思维发展过程。其重要特征是学生在教学过程中要承担一定的生理和心理负荷。加之体育教学活动空间开放，影响因素众多，体育教学的组织和控制的难度是其他学科难以比拟的。因此，对体育教学过程中的各个要素进行分析研究，围绕体育课程目标对体育教学过程进行充分的准备和策划是非常必要的。

我国对体育教学设计的研究始于20世纪80年代中期，其教学设计的原理和方法越来越受到人们的重视，并已开始在课程计划的制定、教学软件开发以及课堂教学的改革等方面有所应用。

我国体育工作者对于体育教学设计概念的认识有以下几种：

（1）南勇认为，所谓体育教学设计，实质上就是根据体育教学的特点，采用系统的方法，对教学前的各种准备工作和教学过程的实施进行系统的综合。

（2）毛振明认为，体育教学设计是根据教学目的和教学条件，对某个过程（如学段、学年、学期、单元和学时）的教学所进行的各方面的最优化研究工作和计划工作。这个定义明确了体育教学设计的应用范围。

（3）周登嵩认为，体育教学设计是根据体育学科的特点，从体育教学系统的整体出发，综合考虑体育教师、学生、场地器材、体育教学环境及要达成的教学目标等各方面的因素，详细分析体育教学可能出现的问题，有针对性地设计出解决这些问题的教学行动方案，并在体育教学实施过程中评价行动方案的可靠性，同时随时做出修正，直到体育教学活动取得最优化的教学效果为止。

（4）焦敬伟认为，体育教学设计是为体育教学活动制定蓝图的过程，它规定了教学的方向和大致进程，是师生教学活动的依据。教学活动的每一步骤、每个环节都将受到教学设计方案的约束和控制。

（5）朱伟强认为，体育教学设计，亦称体育教学系统设计是面向体育教学系统，解决体育教学问题的一种特殊的设计活动。它既具有设计的一般性质，又必须遵循体育教学的基本规律。

从以上学者对体育教学设计概念的表述来看，他们对体育教学设计概念的认识是不同的。综合以上学者的观点，笔者认为，体育教学设计是一项研究工作和计划工作。它以获取最佳体育教学效果为目的，以学习理论、教学理论、传播学和体育教学原理为理论基础，通过一套具体的操作程序来协调、配置体育教学过程中的各种要素（如体育教师、学生及教学内容、教学条件、教学目标、教学媒体、教学组织形式）以达到优化体育教学过程的一种设计活动。

第二节 体育教学设计的意义、特点及基本要求

一、体育教学设计的意义

对于体育教学工作来讲，体育教学设计有利于体育教学工作的科学化。它有利于优化体育教学过程，提高体育教学质量和效果。体育教学优化包括体育教学方案（教案）设计优化和体育教学实施过程的优化等环节。通过体育教学方案设计优化和体育教学实施过程优化使学生的体力（身体素质）、体育知识、运动技术、能力、情感、人格和个性得到全面和最大限度的发展。

对于体育教师来讲，体育教学设计为体育教师提供了方法，可以促进体育教师从经验型、随意型向科学型转变，有助于体育教师发现体育教学中存在的问题，积极思考和探索解决问题的方法和思路，使体育教师设计的教学方案更具有时效性、针对性。体育教学设计有利于理论与教学实践的结合，有利于科学思维习惯和能力的培养，有利于加速青年教师的培养。体育教学设计有利于电化教育的开展和多媒体教材质量的提高。

（一）有利于体育教学工作的科学化

对于大多数体育教师来说，如果掌握了体育教学设计的相关方法，就可以增强体育教学工作的规范性，从而进一步提高体育教学过程的科学性。

（二）有利于体育教学理论与体育教学实践的结合

体育教学设计可以起到沟通体育教学理论与体育教学实践的作用。一方面，通过体育教学设计，可以把已有的体育教学理论和研究成果运用于实际指导中；另一方面，也可以

把一线的广大体育教师的教学经验升华为教学科学,充实和完善体育教学理论,促使体育教学理论与体育教学实践紧密地结合。

(三) 有利于科学思维习惯和能力的培养

体育教学设计是系统化地解决体育教学问题的过程,它提出的一整套确定、分析、解决教学问题的理论和方法对于培养人们科学的行为习惯,提高人们科学地分析与解决教学问题的能力具有重要意义。

(四) 有利于加速对青年教师的培养

体育教学既是一门科学,也是一门艺术。虽然体育教学艺术很难通过教学来传授,但是科学的教学理论和方法则是可以习得的。体育教学设计为师资队伍的培养提供了一条有效的途径,体育教师通过体育教学设计的训练过程可以迅速掌握体育教学的基本原理、方法和实际操作技能,并在实际运用中不断熟练和提高,最终成为一名体育教学专家。

(五) 有利于体育多媒体教材的开发和质量的提高

近年来,随着教学投入的增加,信息和现代教育技术的发展,以及各类电教器材的增加,体育教学技术与手段也在不断地发展。体育多媒体教材具有融体育教学内容和体育教学方法于一体的特点。通过学习和掌握体育教学设计的理论与方法,可以帮助体育教师有效地使用现代教学媒体,编制相应的多媒体教材,从而提高体育教学质量。

二、体育教学设计的特点

体育教学是一种有目的的活动,为了达到预期目标和获得理想的效果,必须在教学活动实施之前对体育教学方案进行设计。体育教学设计具有下列特点。

(一) 超前性

体育教学设计是在进行体育教学之前对体育教学所作出的一种安排和策划。也就是说,体育教学设计在前,体育教学活动的实施过程在后。

(二) 创造性

体育教学设计的过程应该是一个创造性解决教学问题的过程。体育教学多元化目标、体育教材的多功能特点、体育教学方法手段的多样化以及这些要素之间存在的复杂关系,使得体育教学过程具有复杂性和不确定性的特点。体育教学设计的创造性,要求设计者必须具备较扎实的体育教学理论知识,懂得教学过程和教学规律,了解素质教育的实质和内涵,具有开拓和钻研精神,并且具有丰富的想象力、敏锐的观察力、深刻的分析力和超前的意识,只有这样才能设计出新颖、实效、独具特色的教学方案。

（三）系统性

体育教学设计过程是一个科学逻辑的过程，体现了体育教学设计工作的系统性。在进行体育教学设计时，需要在分析论证所存在的教学问题的基础上设定目标，然后围绕既定目标设计教学的各个环节，从而保证其"目标、策略、评价"三者的一致性。体育教学设计从体育教学系统的整体功能出发，在工作程序上，往往是综合考虑教师、学生、教材、媒体、评价等各个方面在体育教学中的地位与作用，使之相辅相成，互相促进，产生整体效应，从而达到体育教学效果的最优化。

（四）灵活性

虽然体育教学设计过程具有一定的模式，需要按照既定的流程进行，但体育教学设计的实际工作往往不一定完全按照流程图所呈现的线性程序开展。有时，没有必要或不可能完成所有的工作步骤。例如，学习需要分析是体育教学设计过程模式中一个重要的教学设计环节。在中小学体育课的教学设计中，如果是同一个教学班，可以根据情况适当简化或加强对学习需要分析的论证工作。因此，在进行体育教学设计时，应根据不同的情况和要求，灵活地决定从何处着手工作，重点解决哪些环节的问题，适当略去一些不必要的环节，有效地进行体育教学设计。

（五）科学性

体育教学设计是一门科学。科学的真谛在于求真，体育教学设计是在人体解剖学、人体生理学、体育保健学、运动生物化学、体育心理学、体育教学论等体育理论以及教育传播理论、教学媒体理论和教学评价理论的指导下，根据学和教的基本规律，建立起合理的体育教学目标、内容、方法的策略体系，科学地运用系统方法对各个体育教学要素及其联系进行分析和策划。

（六）艺术性

体育教学设计是一门艺术。艺术具有丰富的审美价值，一份好的体育教学设计方案，要做到既新颖独特、别具匠心，又层次清晰、富有成效，给人以美的享受。

三、体育教学设计的基本要求

（一）体育教学设计要体现素质教育理念

20世纪80年代末以来，中国教育界的教育理念发生了根本的变化，由传统的应试教育向新型的素质教育转变。民主、平等、合作的师生关系和培养学生的创新精神与实践能力已构成了素质教育的基本特征。体育教学设计必须按照素质教育的这种要求来进行，与素质教育发展要求相一致。在设计过程中充分尊重学生的主体地位，使教学有利于调动学生的学习积极性，激发学生的学习兴趣。此外，它要求教学设计重视学生各方面素质的全面均衡发展，使学生的综合素质得到有效提高。

1. 强调以学生为中心

明确以学生为中心对教学设计有着至关重要的指导意义。因为从以学生为中心出发，还是从以教师为中心出发，将会出现截然不同的设计结果。体育教学设计应将学生放在首位，要求教师在教学设计中重视学生的学习，重视学生的学习过程。具体而言，教学设计应建立在学生的基础和身心发展之上，把教学作为一种方式，一种情境，一种过程。学生是教学的主体，教学设计的内容、过程、步骤等都必须服从学生的需要。通过引导、启发使蕴藏在学生身上探究知识的潜能充分开发出来，使学生能主动发现问题、探究问题、解决问题，充分发挥学生学习的主观能动性。

2. 坚持"以人为本、健康第一"的教育理念

"以人为本、健康第一"的教育观是在素质教育的大前提下，根据体育学科的特点提出的教育观念，它指明了体育教学改革的方向，是新一轮素质教育研究的热点。体育教学设计应积极探索健康教育之路，把健康与体育教学结合在一起，重视对学生健康方法、健康锻炼能力的培养，使学生身、心、道德、社会适应等方面全面完善发展。体育教学设计应当根据"以人为本、健康第一"的体育教育观念来进行，在规划过程中充分体现以学生为主体，重视学生的兴趣需求，重视学生的全面发展。

3. 体现"终身体育"指导思想的要求

"终身体育"指导思想旨在通过体育教学培养学生的体育兴趣、态度、爱好等，使学生掌握一定的健身方法，具备体育锻炼的能力，为他们离开学校后继续从事锻炼做准备，体现了可持续发展的时代理念。终身体育作为现代学校体育教育的思潮，已受到世界各国高等教育的高度重视，以终身体育为目标的指导思想，是深化体育教育改革，使体育人才培养更加科学化、社会化和具有时代化特征的有效途径。终身体育认为，体育教育的最终意义在于，使受教育者具有独立从事社会服务的健康体质和良好的健身习惯，坚持健康第一、身心发展第一，坚持培养兴趣和运动习惯相统一的体育教育方向。体育教学设计要体现"终身体育"思想，按照"终身体育"指导思想的要求对体育教学过程重新进行定位，谋求新的发展思路和理念，实现体育人才培养的可持续发展。

（二）体育教学设计要体现全体学生的发展

1. 体育教学设计要面向全体学生

在教学设计中，要充分考虑到全体学生的普遍要求，使全体学生达到体育教学的技术要求，从而激发学生对体育的兴趣。随着素质教育的不断深化，学校人才培养模式有了很

大的改变，从单纯重视少数体育特长生的培养转向重视全体学生的发展。要让每个学生在身体健康、体育知识、技术和技能等方面都得到发展。这种人才培养模式的转变对体育教学设计提出了更高的要求，要求体育教师在教学设计过程中投入更多的精力，对学生情况有更多、更深入的了解，根据学生的多样性特点设计出体现差异性的体育教学方案，以满足不同学生的体育学习特点、需求。

2. 体育教学设计要体现学生的全面发展

体育教师不能片面强调对体育知识、技能的传授，不能把考试达标当成评价体育教学效果的唯一标准。现代人才培养要求体育教学做到传授基本知识、技能与培养学生能力并重，做到知识能力提高与人格健全发展相协调。因此，在体育教学设计过程中，体育教师应该从新的体育人才培养模式着手，考虑学生知识、技术、能力、个性品质的全面发展，尤其是在体育教学目标设计时要包含新课程标准中提出的运动参与目标、运动技能目标、身体健康目标、心理健康目标以及社会适应目标。通过科学合理的体育教学设计来促进学生的全面完善发展。

3. 体育教学设计要根据学生的特点来进行设计

学生是学习的主体，是学习过程中最积极主动的因素，体育教学设计的一切活动都是为了学生的体育学习，教学目标是否实现，必须通过学生的体育学习活动来体现。教学内容是否科学合理，必须根据学生的学习效果来判断。教学组织形式以及教学方法、手段是否可行，应当通过学生的学习效果来体现。现代体育学科发展要求重视学生的兴趣爱好，根据学生的身心发展基础来开展体育教学设计，而作为学习主体的学生在学习过程中各具特点。因此，要取得体育教学设计的成功，必须从学生实际出发，对学生身心发展状况、已有的知识结构、技术水平、兴趣爱好、能力倾向以及学习前的准备情况等几个方面进行分析。首先，学生正处于蓬勃发展期，有其身心发展的规律。学生的身心发展水平对体育教学设计产生深远的影响。因此，在进行体育教学设计时要根据学生的身心发展水平来确定教学的各项具体内容。其次，学生已有的知识结构和体育技术水平也对体育教学设计产生一定的影响。体育教学设计应充分考虑学生已有的知识结构和体育技术水平，根据学生已有的知识结构和体育技术水平来确立教学目标、安排教学内容、选择适用的教学组织形式和方法、手段。在考虑学生已有知识结构和技术水平的基础上进行的教学设计，才能更好地满足学生的学习需求，达到更好的教学效果。再次，学生的兴趣爱好是体育教学设计过程中一个至关重要的变量，它会对整个体育教学设计产生重要影响。如果脱离学生的体育兴趣爱好来进行体育教学设计，就会导致教学脱离学生的实际需求，教学过程中不能充分调动学生的学习积极性，不能激发学生学习兴趣，最终会影响教学效果。最后，还有一个影响体育教学设计的因素是学生的体育学习准备,它是指学生在从事新的体育学习时,原有的体育知识、体育技能、身体素质等方面的水平和身心发展水平对新的体育学习的适应性。它是进行新内容教学的基础和出发点。影响体育教学设计的学习准备因素主要包括以下几个方面:①学生年龄、性别、身体发育水平、体质状况。②学生体育学习风格,即学生对体育知识技能的感知和处理速度、处理方式等。③学生已有的体育知识、体育学习动机、个人对体育学习的期望、经历、生活经验、社会背景等方面的特征。以上这些方面是进行体育教学设计时需要考虑的。

(三)体育教学设计要适应体育课程教材内容的多样化

近年来,我国实行国家课程、地方课程和校本课程三级课程管理制度,增强了课程的多样化和适应性。当前,在国家大政方针的指引下,体育课程在教学内容上有了很大的改进,体育教材体系进一步完善,教学内容进一步多样化,教学自主性进一步加强。因此,在进行体育教学设计时,应当根据课程标准确立教学目标对已有的教材内容进行筛选、重组等加工处理,做到主次分明、重点突出、结构合理。在选择、安排教学内容的基础上,根据教材内容的特点,应用行之有效的教学组织形式,采用合理的教学方法和手段,以便更好地贯彻课程标准提出的各项要求,从而有效地实现教学目标,使教学设计效果最优化。

(四)体育教学设计要运用多种教学组织形式和教学方法手段

随着体育学科的发展,一些新的教学组织形式、教学方法手段正逐步引入到体育教学领域,从而使体育教学组织形式、教学方法手段日趋多样化。为了适应素质教育的要求,体育教学设计也应该在教学组织形式和教学方法手段上日趋多样化,以不断适应学生发展的需要。

(五)强调情境对学习的重要作用

建构主义认为,学习总是与一定的社会文化背景及情境相联系的。在传统的体育教学中,尤其是对小学低年级学生,由于不能提供实际情境所具有的生动性、丰富性,使学生对知识的意义建构认识发生困难。加强对体育教学过程中的情景设置有利于培养学生的兴趣、创造性、主动性和探索精神。

(六)强调协作学习对学习的作用

建构主义认为学生对周围环境的交互作用,对学习内容的理解起着关键性的作用。素质教育强调学生在教师的组织和引导下一起练习、学习,共同建立学习群体,共同完成对所学知识、体育技术的领会、理解和掌握,协作学习有利于培养学生的合作精神。

（七）利用各种信息资源支持学生学习

为了支持学生的主动探索和完成意义建构，在学习过程中要为学生提供各种信息资源，这些信息并非用于辅助教师的讲解和示范，而是用于支持学生的自主学习和协作探索。

四、体育教学设计应注意的问题

（1）应以运动技术学习为体育教学的主要目标和内容。让学生学好有用的运动技术是体育教学的直接目标。而其他领域目标，如运动参与、心理健康和社会适应都是伴随着上述目标的实现而实现的。因此，体育教学设计的重点就是运动技术的学习。没有运动技术的教学和运动技能的提高，体育课只能是肤浅乏味游戏的堆砌，只能是幼儿型体育活动的延长。"淡化运动技术教学"不等于体育课不要运动技术。

（2）体育教学方法应以传授技术方法和身体锻炼方法为主体。体育教学改革必然要求体育教学方法的改革。任何"方法"都是为目的而服务的。因此，体育教师在运用新的体育教学方法时要注意以下几点：①搞清楚"现代体育教学方法"是以什么为目的的；②搞清楚"现代体育教学方法"是以什么为教学对象的；③搞清楚"现代体育教学方法"是以什么为适用教材的；④搞清楚"现代体育教学方法"的使用频率和限制在哪里。[①]

体育教学效果的影响因素如表1-1所示。

表1-1 体育教学效果的影响因素

比较要点	探究式教学法	合作性学习	自主性学习
使用目的	让学生通过探究性学习过程对某些难题进行理解，并通过典型的探究过程帮助学生学会学习	通过建立学生共同拥有的学习课题，建立适合学生交流的学习形态，促进学生间互帮互学和共同提高	通过建立学生的"自我学习目标"和有意地设置一段"自我锻炼时间"，让学生进行有独立性和自主性地学习
优点	有利于学生认识学习的过程，以及提高学生认识问题和解决问题的能力	有利于学生之间的相互交流和同学之间的取长补短，有利于培养学生的社会性和集体性	有利于学生习惯于进行个性的学习，有利于培养学生的独立性和思考的能力

---

① 佟晓东，刘铁. 体育教学设计与实践 [M]. 哈尔滨：东北大学出版社，2009：103.

续表

比较要点	探究式教学法	合作性学习	自主性学习
适用教学对象	具有一定知识基础的、有一定发现和归纳问题能力的学生	已经形成了一定集体意识的、已经具有交流意识的学生	先掌握了一定基本技能的、明确了学习目标的、有学习自觉性的学生
适用教材	有典型意义的、有学习深度（通常是有一连串问题）的教材	集体性项目，或需要进行集体学习的有深度个性项目教材	不需要进行有难度的学习、以练习为主的、比较安全的教材
教材使用频率	每学期1~2次	在每个单元的学习阶段后安排2~3次课	在每个单元的学习阶段后安排2~3次课

（3）体育教学必须伴随一定负荷的体育锻炼。体育教学必须承担一定的运动负荷。体育课中的练习密度和运动负荷是实现体育教学目标的重要因素，是学生学习运动技术和锻炼身体所不可或缺的变量，也是体育教学的本质性因素和体育课的特点所在。体育教师在设计体育课负荷时要遵循以下原则，①确保学生活动安全的原则；②有利于运动技术学习和掌握的原则；③有利于不断提高学生身体素质的原则；④有利于学生体验运动乐趣的原则；⑤不至于过于影响下节课教学的原则[①]（表1-2）。

表1-2 不同的体育课对练习密度和运动负荷的不同要求

课型	对运动负荷的要求
技术新授课	根据技术学习需要考虑练习密度和负荷，一般为中等负荷
技术复习、练习课	根据技术学习需要考虑练习密度和负荷，一般为较大负荷
身体活动课	根据锻炼需要考虑练习密度和负荷，一般为较大负荷
探究性学习、发现式学习	根据探究学习需要考虑练习密度和负荷，一般为中小负荷
合作性学习、自主性学习	根据学习目的和内容考虑密度和负荷，负荷变数较大
展示，总结性课	根据展示方式和人数考虑密度和负荷，负荷变数较大
测验、考试课	测验考试的特殊性要求决定密度和负荷，负荷变数也较大

为了科学地安排运动负荷，体育教师应该：①把握全体学生的身体情况；②仔细钻研

---

① 佟晓东，刘铁，主编. 体育教学设计与实践[M]. 哈尔滨：东北大学出版社，2009：104.

体育教材；③了解不同情况下的运动负荷的变化；④掌握询问法和观察法等更直接的负荷判断的方法。

（4）要通过实现有效的体育教学让学生体验运动的乐趣。让学生体验运动乐趣，是体育课追求的教学目标。它既不是体育教师的一种"恩赐"，也不是一种"调味品"，而是体育的魅力和生命所在。只有让每个学生都能体验到运动的乐趣，才能使学生自觉、积极地参与体育锻炼，它也是培养学生终身体育意识、兴趣和习惯的前提。

在实际体育教学中，有人认为，运动技术教学和运动技能的培养与学生体验运动乐趣存在现实的冲突。其实，两者之间是不矛盾的。学生体验运动乐趣，需要以一定的运动技术作为保证。

根据"趣味性"和"技能性"，毛振明将所有的体育教学内容分为趣味性和技能性都强、趣味性强但技能性不强、技能性强但趣味性不强、趣味性和技能性都不强等四大类。对于"趣味性和技能性都强"的教学内容，掌握运动技能和体验运动乐趣比较容易，但对于"趣味性和技能性都不强"的教学内容，掌握运动技能和体验运动乐趣都有困难。因此，对于这类教学内容要根据需要谨慎使用，并且要在提高运动乐趣上多下工夫。

（5）体育教学评价应将结果评价与过程评价相结合。在进行体育教学设计时，既要一如既往地注重终结性评价，恰当地发挥评价的甄别功能，又要强化过程性评价，强化评价的激励、发展功能。

任何课程的评价都是由评价的主体——教师和学生，与作为评价的对象的"对教师设计的教学过程"和"对学生实际进行的学习过程"两个方面共 4 个基本部分组成，即教师对学生学习的评价、学生对学习的评价、学生对教学过程的评价、教师对教学过程的评价[①]（表 1-3～表 1-8）。

表 1-3　教师在学习过程中对学生的激励评价内容与方法

项目	学习过程中的激励评价
评价内容	学生的学习目标、参与程度、拼搏精神和学习效果
评价方法	表扬、批评、抑制、激发
评价手段	口头指示、手势、眼神、问卷、技能小测试等

---

① 佟晓东，刘铁. 体育教学设计与实践［M］. 哈尔滨：东北大学出版社，2009：110.

表1-4 教师对学生体育成绩的评定内容与方法

项目	分值（分）	评分内容
运动技能	3	特长、技能、体育锻炼知识
运动参与	0.5	积极参与、爱好
身体健康	0.5	病假率、身体素质、健康状况
心理健康和社会适应	1	开朗性格、集体融入度

表1-5 学生自我评价的内容和方法

项目	学生自我评价
评价内容	自己学习目标、参与程度、拼搏精神和学习效果
评价方法	自省、自评、自我反馈、自我暗示
评价手段	目标的反馈、学习方法、成绩前后对比、行为的检查

表1-6 学生相互评价的内容与方法

项目	学生相互评价
评价内容	同伴的学习目标、参与程度、拼搏精神和学习效果
评价方法	互评、互议、学习同伴优点、指出同伴不足
评价手段	观察、学习卡片上的互动、课中讨论

表1-7 学生对教学过程的评价

项目	学生对教学过程的评价
评价内容	教师所选教学内容、对教学过程的设计、教法、教育态度
评价方法	评课、反馈、建议、要求
评价手段	学习卡上的对话、意见表、课中随时的提问和反馈

表1-8 教师自我评价的内容与方法

项目	教师自我评价
评价内容	教学思想、教材化、个性化和教学模式、教学方法的恰当性、教学效果
评价方法	自省、自评、自我总结
评价手段	目标的回顾、阅览学生的学习卡片、对比学生前后的变化、听取学生意见

（6）体育教学设计应避免"假、空、虚"，传统体育课的"三段式"教学过程有其自身的特点。体育课的主要任务是传授运动技术和锻炼身体。当前出现体育课分段越来越细的情况，这对于深化体育课教学改革和提高体育课教学质量起到了一定的作用。但如果分段太多，蜻蜓点水，则很难体现出教学效果，这是体育教学设计中需要避免的。

第三节 体育教学设计的内容与步骤

一、体育教学设计的分类

（一）体育教学设计的分类

体育教学设计是一项多因素、多层次的系统工程，它是系统地解决体育教学问题的过程。在体育教学中，从宏观方面来讲，体育教学设计是指解决各个水平阶段的教学目标分解、教学内容选择、教学单元安排等重要问题的过程；从微观方面来讲，是指对一节课或一个单元的教学构思和组织的过程。

从宏观方面来讲，一个完整的体育教学计划设计，主要包括以下内容和步骤：①学段体育教学计划的制订；②学年、学期体育教学计划制订；③单元体育教学计划制订；④体育课教学计划设计。

从微观方面来讲，体育教学设计主要是指体育课教学计划的设计。主要包括以下内容和步骤：

（1）设计说明。设计说明主要包括：①指导思想；②教材内容分析；③学习情况分析；④体育教学过程及策略的设计。

（2）教案的设计和撰写。主要包括体育教学目标、教学内容、教学方法与步骤、时间、密度和强度、场地器材、教学组织等要素的设计。

上述两类体育教学设计又都涉及体育教学内容设计、体育教学目标设计、体育教学方法设计、体育教学手段设计、体育教学媒体设计、体育教学策略设计等多个方面。因此，无论是设计学段体育教学计划、学年、学期体育教学计划、单元体育教学计划，还是课时体育教学计划，都必须包括以上几个方面的内容。

（二）不同类型体育教学计划之间的关系

体育教学设计的表现形式，是通过教学计划的制订来体现出来的。在体育教学的设计实践中，学段体育教学计划、学年体育教学计划、学期体育教学计划、单元体育教学计划和课时体育教学计划是一种承上启下的关系。在进行体育教学设计时，学段体育教学计划的制订是第一步，是学年和学期体育教学计划的基础和前提，换句话来说，学年和学期体育教学计划是根据学段体育计划制订出来的。而单元体育教学计划又是根据学期体育教学计划来制订的，课时体育教学计划又是根据单元体育教学计划设计的。它们之间存在一种明显的承上启下的关系（表1—9）。

表1—9 不同类型体育教学计划的基本特点

计划特点	计划种类	计划功能	时间跨度
远景、稳定、框架	学段教学计划	远景目标规划	2学年以上
	学年教学计划	中期目标规划	2个学期
	学期教学计划	较为详细规划	1个学期
	单元教学计划	确定方案重点	2节课以上
现实、多变、具体	课时教学计划	具体教学方案	35分钟或以上

二、体育教学设计的主要内容

不管是从宏观（包括学段体育教学计划、学年体育教学计划、学期体育教学计划和单元体育教学计划）上来讲，还是从微观（课时体育教学计划设计）上来讲，体育教学设计工作主要有以下8个方面。

（一）对学生学习需要和发展需要的分析

进行体育教学设计的第一个工作就要认真分析体育教学系统的环境，其中最重要的内容就是对学生学习需要和发展需要进行分析。只有在客观分析学生学习需要和发展需要的基础上，才能提出合理的体育教学目标并进行科学的体育教学设计。因此，体育教学设计的第一个工作就是要明确学生"为什么而学""为什么必须学"的问题。

（二）对学习内容的分析

体育教学设计还要对学生需要学习哪些知识和技能，要达到什么程度和水平，体育教学的过程之中可以形成何种能力等进行分析。学习需要的分析与学习内容的分析密切相关。前者是学生"为什么而学"的问题，后者是教师针对学生的学习需要和发展的需要决定"让学生学什么"的问题。

（三）对学生的分析

研究表明，教师对学生当前具备的知识技能的了解程度是教学成败的关键。因此，好的体育教学设计，还必须分析学生进入学习前的准备状态，包括学生的身心特点、某项技能的基础等。

(四) 体育教学目标的设计

在对学生的需要、学习内容和对学生自身情况分析的基础之上，要对体育教学目标进行设计和编写。明确而具体的教学目标是制订体育教学策略和选择体育教学媒体的指导思想，同时也是体育教学评价的依据。

(五) 教学策略的设计

体育教学策略设计是体育教学设计的核心和重点。体育教学策略主要研究以下几个问题：课程的类型和结构、教学的顺序和节奏、教与学的活动、教学的形式、教学的时空安排、教学活动实现对策等。体育教学策略主要解决体育教师"如何教"和学生"如何学"的问题。

(六) 教学媒体的设计

现代科技的迅猛发展为体育教学提供了越来越多的教学媒体，现在可选择的体育教学媒体多种多样，我们应该根据体育教学的需要选择最适当的体育教学媒体。各种体育教学媒体各有所长，因此在教学设计时应遵循"经济有效"的原则来选择教学媒体。教学媒体选择以后，就是将教学内容与方法转换为书面的或视听的等具体详细、具有可操作性的实施方案。

(七) 教学过程的设计

设计体育教学过程，可用流程图的形式，简明扼要地表达各要素之间的相互关系，直观表达体育教学的过程，给体育教师提供一个可供参考的体育教学设计方案。

(八) 教学评价

体育教学设计完成之后，就可以得到一个教学方案。教学方案在实施之前，要考虑设计的方案能否带来理想的教学效果，对学习需要、学习内容和学习者的分析是否正确，体育教学目标的确定是否明确、具体，体育教学策略的设计是否准确，体育教学媒体的选择与设计是否有效等问题，还必须对体育教学设计的成果进行评价。评价可采用形成性评价，就是在体育教学设计实施之前，先在小范围实施，了解教学设计的可行性、有效性、实用性等。如果不能达到预期目标，则要重新设计方案，直至合理。

上述8个方面所构成的体育教学设计过程，它们之间的关系可用流程图表示[①]（图1—1）。

[①] 杨雪芹，刘定一. 体育教学设计 [M]. 桂林：广西师范大学出版社，2005：53.

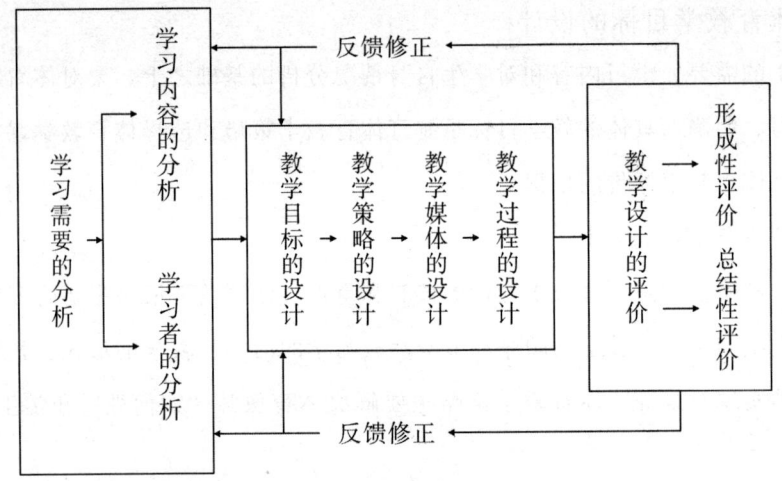

图1-1 体育教学设计模式流程图

第二章 小学体育教学概述

第一节 小学体育教学的目的和任务

"小学体育教学大纲"中规定小学体育教学的目的是：通过体育教学，向学生进行体育、卫生保健教育，增进学生健康，增强体质，促进德、智、体、美的全面发展，为提高全民族的素质奠定基础。

为了实现这一目的，大纲中规定了3条基本任务。

一、全面锻炼身体，促进正常的生长发育

在这条任务中，包括以下几项主要内容：

（一）通过身体锻炼，培养身体正确姿势

每节体育课都应注意动作的准确，矫正不正确的姿势，使学生行走、站立、做动作都能形体端庄，既活泼愉快，又能落落大方。

（二）促进身体素质和身体活动能力的全面发展

这里的身体基本活动能力，是指走、跑、跳跃、投掷、攀爬、负重、推举等活动。这些能力是人们日常生活、劳动和军事所必需的。但是，体育的跑、跳、投等基本活动，并不是生活、生产和国防的具体实用技能，而是通过体育活动发展这些能力，并使其能够迁移到未来所需要的实用技能中去。

身体素质，是指体育术语中的"素质"，不是在一般语言中所指的素质，它是人体各种内部机能的反映，各种素质又是通过人体各种基本能力和动作表现出来的。通常把身体素质概括为：速度、灵敏、力量、耐力、柔韧等。身体素质与遗传有关，但小学生的体育锻炼，对促进身体素质的发展具有重要的意义。

（三）促进生理机能的发展

人体是完整的统一体，外形的动作、能力、素质等水平，是内脏机能的反映。小学生进行跑、跳、投、攀爬和悬垂、支撑等体育锻炼，反映在时间、空间水平，是跑得快，跳得高，投得远，而反映在心脏水平，则是心率和呼吸，也就是内脏的机能水平。因此，在体育教学中经常用学生表现的外部能力，评价体育课的成绩。但是，还要在一定的阶段，

通过身体检查和体质测试,检查学生的内脏机能,评价学生的体质状况。

（四）增强对外界环境的适应能力和对疾病的抵抗能力

小学生的体育课,正常的天气应在室外进行,使学生接受日光、空气、水的锻炼,逐步使其适应天气环境的变化。

外界环境的变化,不仅有南方和北方的不同,且在同一地区也有严冬和酷暑的变化。没有受过锻炼的学生,突然遭受气温的急剧变化,往往容易感冒或中暑,这就是机体不适应的缘故。如果经常进行日光、空气、水的锻炼,学生对耐寒、抗暑的能力就会增强。因为皮肤对冷空气的接触、日光的照射,都会迅速地产生反射作用。为了避免消耗过多的体内热量,或保持体温的恒定,就要使毛孔和皮下血管产生收缩或扩张的反射。经常在户外、在各种气温的条件下参加体育锻炼,对于冷和热的适应能力也随之提高。因此,每个小学生都要积极地到户外参加体育锻炼。

二、初步掌握体育基础知识、基本技术和基本技能

这条任务的基本点包括:使小学生学习简要的体育基础知识、卫生保健常识和锻炼身体的方法,逐步建立体育、卫生保健和安全的观念掌握日常生活所需要的实用技能和简单的运动技术,培养锻炼身体的能力,培养对体育运动的兴趣,养成锻炼身体的习惯。

在体育教学中,要使小学生明了体育的真实含义,体育不只是身体活动,还要学习理论知识。体育基础知识、基本技能和基本技术,不仅是指导体育锻炼的手段和方法,而且是小学生应具有的文化素养。这些文化素养也是日常生活和将来从事生产劳动所必需的。

应当怎样理解"三基"呢?体育基础知识,就是要求学生了解体育的目的意义、体育卫生保健常识、体育常识和科学锻炼身体的方法,以及了解人体和评价身体的常识。

体育基本技术,是学习和掌握体育动作的科学方法。这种方法要比一般的自然动作稍复杂一些。例如,每个小学生都会走、跑、跳、投、攀爬等基本动作,也会做举举臂,抬抬腿,弯弯腰,这里也有技术问题,但是这种技术是极简单的,是在生活和自然游戏中模仿学会的,带有许多自然的成分,且这些动作的姿势不一定正确,做起来也比较费劲,要使小学生走、跑、跳、投、攀爬等动作姿势正确,走得轻松,跑得快,跳得高,投得远,会做徒手操等,就需要学习和掌握一定的技术,并提高这种技术,使其用于实践,久而久之,就可以升华为技能。在一定意义上说,技能是在技术的基础上,经过反复练习和实践逐渐形成和提高的。

技能、技术和体质的强弱是辩证统一的。一般来说,技能越高,技术越熟练,锻炼身体的效果也越好;而体质增强了,掌握技术、技能也比较容易,会促进技术、技能的

提高。

体育必须与卫生保健相结合，体育基础知识包括与体育相关的卫生常识和养生健身的方法。通过体育教学，养成学生锻炼身体的兴趣，并逐渐形成习惯，这对他们一生将起重要的作用。

三、向学生进行思想品德教育

小学体育中向学生进行思想品德教育，是结合体育的特点，通过讲述课，特别是身体锻炼和体育比赛的实践活动进行的。离开体育教学任务，脱离身体锻炼的实践活动，单纯的向学生进行灌输，不会取得好的教学效果。在小学体育教学和体育活动中，向学生进行思想教育的内容与方法，一般有以下几个方面：

第一，要教育学生，把积极参加体育锻炼，使自己锻炼得体魄健壮，作为一种社会责任，使他们明确，这是每位小公民的神圣义务。并且通过"练好身体，建设祖国，保卫祖国"的教育，向学生进行热爱中国共产党，热爱社会主义祖国的教育。

第二，要在体育活动中，帮助学生树立群体意识，进行热爱集体，关心同伴，团结合作的集体主义教育，培养学生严格的组织纪律性，勇敢顽强的精神和朝气蓬勃的作风。

第三，在体育活动中，最容易表现学生的各种行为，特别是在游戏和竞赛中，便于观察学生的种种表现，教师就要有计划、有针对性地进行教育活动。而且要针对活动中突发事件，通过表扬、批评、诱导的方法，进行思想品德教育。

第四，体育是与比赛、竞争密切联系的，要在比赛和竞争中，发展学生的创造性和进取精神。

第五，要在体育教学中陶冶美的情操，培养学生文明行为。

体育教学和体育活动中的思想品德教育，一定要结合体育的特点进行，不能牵强附会，更不能把体育课变成单纯的思想教育课。小学生的体育课，能够使学生生动活泼，有乐趣，激发他们的积极性，就便于有针对性地进行教育。放任自流，不严格要求，不会产生好的教育效果。同样，不结合小学生的特点，使学生过于拘谨，限制太多，也达不到教育的目的。

第二节　小学体育教学的特点

在了解小学体育教学特点时，必须了解一般的教学特点。

一、什么是教学

教学是根据教学计划有关课程设置的目标、教学大纲和教材，以及相应的教学手段进行的。任何教学都受社会、教学的对象和教育规律的制约。

教学是由四个基本要素构成的,如图2-1。

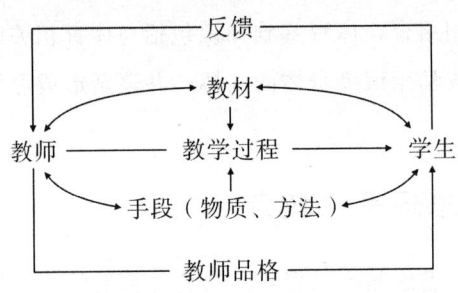

图2-1 教学四个基本要素

教学是一个复杂的过程,尽管教育家们有各种理论著述说明教学过程,有人强调教师的重要,要求教师起主导作用;有人强调学生的重要,要求学生起主体作用。但是,教学总是反映着教和学两个方面的过程。

教,是教师的活动,包括讲授教材内容,组织学生观察事物的现象和本质,向学生传授知识、技能,教会学生运用知识技能,检查学生学习情况和对知识技能掌握的情况,发展学生的能力。

任何学科的教学,都要以正确的思想观点影响学生,把政治思想教育贯彻教学的全过程。

学,是在教师的指导下,学生的自觉活动,包括学生对教师讲授教材内容的感知,听取教师讲解和指导阅读、演示、练习、实验等多种手段与方法,理解教材内容的事实、事物的现象,事物之间的联系,巩固和运用知识,发展学生的智能,逐渐形成信念。

教与学,是教师和学生共同活动,只强调任何一方的积极性都是不全面的,教与学反映在教师和学生身上,由于他们所处的地位不同,所起的作用也不同。教与学的统一认识才是正确的认识。

二、小学体育教学的特点

体育教学,必须反映教学的共性要求和特点。但同时又必须研究体育教学的特点,在体育教学中还要分别研究小学、中学和大学的体育教学特点。

(一)小学体育教学是以身体练习和锻炼身体为主要特征

小学体育教学任务有三项:锻炼学生身体,增强体质;向小学生传授体育、卫生保健知识和运动技能;向学生进行思想品德教育。但是,体育课必须以小学生的身体锻炼为主要特征。如果小学生上体育课不进行身体活动,就失去了体育课的真正意义。因此,通过体育教学,锻炼学生身体,增进学生健康,增强体质是体育课的主要特征。

(二)体育教学主要是在室外进行的

有人说:操场就是体育课的教室,这虽然不完全准确,但确实反映了体育教学的一个特点。因为尽管体育课可以在体育馆、体育教室、一般的教室或游泳池、各种自然环境中进行。但主要是在学校的操场上进行的。如果不是因为天气恶劣或上课的特殊需要，一般都应在室外上课，以使学生受到日光、空气、水的锻炼，使学生锻炼得能耐寒抗暑，不怕风吹日晒。

（三）体育教学是在动态中进行，增加了组织工作的难度

一般教学在室内进行，学生有固定的座位，组织教学比较稳定。而体育教学要根据学生的水平，分年级小组，高年级还要男女生分组教学，教师的组织工作要严密，方法应灵活多样，分别对待的指导更为突出。

（四）学生使用器械不当或生理负荷过量容易发生伤害事故

上体育课有时要在器械上进行，或者投掷器具、跳过障碍、跑较长的距离，如果组织不善，定量不适当，保护方法不妥，采取的安全措施不利，容易发生伤害事故。因此，在体育教学中，要重视运动负荷，加强安全教育。上课的教具，一定要做好检查，并作合理的布置，采取有效的安全措施，保证学生的安全。

（五）体育教学大都是在集体中学习、锻炼

体育课有单人练习，有集体练习，有相互竞争和比赛，不论哪一种，都是在团体中表现个人的能力。因此，便于向学生进行集体主义、相互帮助的教育。并且比较容易用同辈团体的优化心理，影响学生，培养学生勇敢、顽强的精神，努力向自己的同伴学习。

（六）体育教师要给学生做示范

体育教学中的直观教学，最主要的是教师的正确示范。因此，体育教师要认真备课，体态要端庄，动作要正确、优美，使学生便于模仿和学习。

第三节　小学体育教学的原则

一、小学体育教学的原则

体育教学原则是体育教学工作必须遵循的基本要求和指导原理，是长期体育教学实践经验的总结和概括，是体育教学过程规律的反映。由于教学原则反映教与学双边活动的基本规律，使教学规律在教与学的具体活动中得到体现，因此，教学质量的高低是与教学中能否正确地运用教学原则有密切的关系。

体育教学原则除含有一般教学原则外，还包含体育锻炼原则。早在20世纪50年代末60年代初，我国各级各类学校的体育教学大纲，就明确地规定了体育教学是以身体练习为主要特征，以锻炼身体，增强学生体质为主要任务。因此，正确地理解和贯彻体育教学原则，能使体育教师进一步掌握和运用体育教学过程的客观规律。对明确教学目的，选择

和安排教材内容，正确地运用教学方法，提高教学效果，加速教学进程，完成教学任务都具有重要意义。当然，教学原则不是一成不变的，它随着教学实践和教学理论的发展而逐渐地完善和发展。

（一）教师的主导作用与学生自觉性相结合的原则

这项原则是指教师在教学过程中通过各种教育措施使学生不断明确学习任务，从而调动起他们学习的积极性，培养他们独立思考能力和创造精神，引导学生把完成学习任务变成自觉行动。

教学是师生的双边活动。教学中既要发挥教师的主导作用，又要发挥学生的主体作用，两方面共同构成了教学的整体。在整个教学过程中教师要发挥主导作用。因为，教师是教育者，是整个教育过程的组织者和领导者，体现着一定社会的要求，使学生身心朝着社会要求的方向发展，对学生的学习方向、内容和方法起着决定的作用。

（二）直观性原则

直观性原则是指教师在教学中，尽量利用学生的各种感觉器官和已有的经验，通过多种直观方式的感知，而获得感性认识，使学生对所学习的身体练习内容获得生动的表象，并使之与积极的思维结合起来，从而通过练习掌握所学的体育知识、技术、技能，培养学生观察能力和发展思维能力。人类认识客观事物，首先从感知开始，有了感知，才可能进一步理解客观事物，掌握客观事物的规律和改造客观世界。直观性原则是一个古老的教学原则。我国古代教育家荀子指出："不闻不若闻之，闻之不若见之。"提出教学要以"闻""见"为基础思想。因此，教师运用实物、标本、模型、图表、图片、幻灯、录像以及形象化语言等各种直观手段，引导学生充分感知教材，丰富学生的直接经验和感性知识，为正确而深刻地理解教材打下基础。

（三）从实际出发原则

从实际出发的原则是指教师从学生的实际出发，依据学生的年龄特征和个体差异，有的放矢地进行教学。在教学的进度、深度和广度等方面要适合学生的知识水平和接受能力。体育和其他学科一样要考虑学生的个体差异，发挥每个学生的积极性。体育教师要了解学生，从实际出发进行教学。同一班的学生在许多方面有共同点，但在身体、智力、知识、能力、学习态度、兴趣、爱好、性格等方面存在着差异。教师要在全面、深入地了解每个学生的基础上，既重视面向全体学生的教学，又针对各个学生的不同特点辅以个别教学，要正确对待个别差异，做到"长善救失"。对于确实才智出众、能力过人的学生，要精心培植，使他们早成才，成好才；对一些智力或能力上较差的学生，要给予热情的关怀和帮助，找准他们落后的真正原因，对症下药，鼓励他们发挥自身的积极性，使身心得到全面发展。

（四）循序渐进原则

循序渐进原则是指体育教学内容、方法和运动负荷的安排顺序，要严格遵循系统性和连贯性的要求，并符合学生年龄特征。使学生通过一定的努力能够掌握体育知识、技术、技能，并逐步深化，使机体功能不断地得到提高。

教师在教学中要按照体育学科的特点和学生认识及体力发展的顺序进行，养成系统的思维能力和工作习惯，教师要按照体育学科知识体系的内在规律和顺序进行系统的教学；要按大纲的系统进行教学；要采取适应年龄阶段的、学生易于接受的教学方法与形式进行教学；要指导学生善于不断改进自己的学习方法，培养学生系统地、循序渐进地掌握知识和认真学习的习惯及良好的品质。

（五）身体全面发展原则

身体全面发展原则是指在体育教学过程中，教材内容的选择和安排要全面多样，使学生身体的各部位、器官系统的机能，各种身体素质和基本活动能力，都得到发展。使每个学生身体得到全面发展是体育教学的主要目标。因此，要达到增强学生体质的目的，在教学中就必须贯彻全面发展的原则。

（六）合理的运动负荷原则

运动负荷是指身体练习所给予人体的生理负荷。它反映在人们的练习过程中，身体练习施加于人体的生理负荷所引起的身体机能一系列的变化。合理的运动负荷原则是指在体育教学中，根据教学任务、教材特点、学生的实际水平和教学条件，合理安排学年、学期、每次课和课中每项教材的运动负荷，使练习与休息互相交替，从而有效地增强体质。在体育教学和进行体育锻炼时，只有运动负荷适宜、合理才能收到增强体质的效果。

（七）巩固与提高原则

巩固与提高原则是指在体育教学中，要求全体学生都能牢固地掌握基本教材，并能熟练地加以运用，并在此基础上得到不断提高。

学生能否达到上述要求，是衡量教学效果好坏的一个重要标志。只有牢固地掌握已学过的内容，才能为顺利地掌握新内容创造有利条件。

上述七项教学原则不是孤立的，它们是互相联系，互相制约的。任何一个原则离开了其他原则，都不可能完全实现教学任务，只有全面贯彻才能获得良好效果。随着教学实践的发展，人们认识的提高和教学经验的积累，教学原则也将不断地得到充实和发展。

第四节 小学体育教学的方法

体育教学方法是指在教学过程中，完成体育教学任务的途径、手段和方式，是教师教学艺术、文化修养的具体体现。在确定教学任务和教学内容之后，教学方法的选择和运用就成为完成教学任务的关键因素。教学方法是否正确，直接影响教学任务的完成和教学效果的好坏。因此，科学地研究解出决教学方法存在的问题，是提高教学质量的一个重要课题。

教学方法应包括教师的教法和学生的学法、练法，是教师与学生在双边活动中，共同完成教学任务的方法。教学有法，但无定法，贵在得法。也就是说，体育教学方法是多种多样的，每一种教学方法，对完成教学任务都有它的特殊作用，然而"万能"的方法是不存在的。确定采用哪一种教学方法以及如何运用，应根据教学任务、教学内容、学生的年龄特征以及器材设备等实际情况来决定。

在教学实践中，通常采用的教学方法有：讲解法、示范法、完整法、分解法、练习法、游戏法和比赛法、预防和纠正错误法，以及电化教育法等。

一、讲解法和示范法

讲解法和示范法是帮助学生建立正确的动作形象、启发积极思维、进行思想教育、贯彻直观性教学原则的途径之一。教学中教师语言运用适当，示范动作正确优美，能较好地完成教学任务和提高教学质量。

(1) 讲解法是教师在教学过程中，运用语言表达的教学方法。表达形式有讲解、口令、指示等几种，讲解是其中主要的形式。教师运用讲解法时，应注意以下几点：

①讲解目的明确。

②讲解的语言简明、准确。

③讲解要有启发性。

(2) 示范法是教师以具体动作为范例，使学生明确所要学习的动作形象、技术结构和要领的一种方法。示范是直观教学中的主要形式，其他形式还有幻灯、模型的演示和电影、录像等。运用时应注意以下几点：

①示范目的明确。

②示范动作要正确。

③示范位置和方向要有利教学。

④示范要与讲解相结合。

二、完整法

是指从动作开始到结束，完整地进行教学的方法。其优点是可以使学生完整地掌握动作，不破坏动作的结构。缺点是动作较复杂时，学生不易掌握关键技术环节。因此，完整法一般用于动作比较简单或者比较复杂而无法分为几个部分的身体练习。运用时应注意以下几点：

(1) 对一些复杂的、难度较大的动作技术，可以突出重点。

(2) 简化动作技术的要求。

(3) 广泛地采用多种专门性和诱导性练习。

三、分解法

是把一个完整的身体练习，合理地分为几个部分，按部分逐次进行学习，最后完整掌握的一种方法。分解法的运用可简化教学过程、缩短教学时间、提高学习的信心及较快地完整掌握的身体练习。它的缺点是容易使动作割裂，破坏身体练习的技术结构，因而影响身体练习技术的正确形成。

分解法一般用于身体练习中具有一个复杂的要素，需要熟练掌握这个要素才可全部完成的练习。如急行跳远中的起跳及助跑与起跳相结合等。分解法还用于结构复杂，用完整法学习有困难而又可分解教学的身体练习，如单杠中某一身体练习由上法、下法等几个部分组成，即可分部学习。运用分解法时应注意以下几点：

(1) 划分身体练习的各个部分时，应注意它们之间的有机联系，防止动作结构的改变和破坏动作的完整性。

(2) 分解法与完整法要结合运用。

四、练习法

是指根据教学任务和要求，有目的地反复练习的方法。在体育教学中，动作技能的形成、巩固和提高，身体素质的发展，体质的增强，都是在反复练习中实现的。因此，练习法对全面完成教学任务具有重要意义。教学中常用的练习法是重复练习法、变换练习法和循环练习法。

（一）重复练习法

是指在相对固定的条件下，按照动作基本要求，进行反复练习的方法。这种练习主要用来发展身体，改进与掌握动作技术或某一单个动作的技术。

重复练习法又可分为连续重复练习法和间歇重复练习法两种：连续重复法指没有间歇、连续不断地重复练习。常用于发展耐力素质，如长跑。在非周期性项目中也可采用，如武术的单个动作，乒乓球的连续挥拍练习等。间歇重复练习法是指重复练习之间有固定的间歇，如 60 米跑 4 次，每次跑后休息几分钟。

（二）变换练习法

是指在变换的条件下反复进行练习的方法。方式有：变换动作的某些要素（速度、幅度）、动作的组合、练习的环境、器械的高度或重量等。其目的在于激发学生的自觉性和积极性，巩固和提高动作技能，发展学生身体，提高教学效果。

变换练习法有连续变换和间歇变换两种。连续变换是指不断变换练习条件，但练习过程是不停顿的。一般用于周期性项目，如越野跑，在跑的过程中，不间断而经常变化环境，改变跑的速度。间歇变换是指练习后有间歇，但每次练习都变换练习负荷与间歇时间，使负荷不断增加或减少。

（三）循环练习法

是指根据教学要求，选择若干有利于身体发展的动作进行循环练习。教学时可分设若干作业点，将学生分成与作业点相等的若干小组，使学生在每一个规定的作业点完成规定的动作练习，一个动作练习后，再转到下一个作业点的循环往复的练习方法。通过这种全面、多样、连续的练习方式，可以提高练习的密度，使人体承受较大的生理负荷，有益于发展身体素质，促进技术水平的提高。采用循环练习法时，各个作业点的身体练习，一般都应选择学生已经掌握的和简单易行的身体练习。由于循环练习是由不同性质、不同身体部位的动作进行合理地交替练习，有利于提高学生的学习兴趣，并对身体进行全面的锻炼。

五、游戏法和比赛法

游戏法是教师组织学生，在规则许可的范围内，充分发挥个人的主动性和创造性，以达到规定的目标的一种练习方法。

比赛法是按规定的人数、规则和充分发挥已经掌握的体育技术、技能进行互相竞争以决定胜负的一种方法。

游戏法一般有一定的情节和一定的竞赛成分。而比赛法主要是通过竞争决定胜负，对机体功能能力的要求更高。心理情绪的紧张，比赛法比游戏法更为突出。这两种方法不仅能有效地发展学生的体力和智力，提高学生掌握和运用体育知识、技术和技能的能力，而且对学生进行思想道德品质教育以及激发学生的兴趣，都很有益。

六、预防和纠正错误法

是指在体育教学中，针对学生产生错误的原因，采取有效措施防止和纠正错误动作的方法，在体育教学中，要注意防止和纠正可能产生的错误动作，才能形成正确的技术定型，并使技能得到巩固提高，促进身体发展。

预防是纠正的前提，必须分析产生错误的原因，才能做到预防和纠正错误。

七、电化教学法

是指采用幻灯、影片、电视、录像和录音等现代化教学手段，以便使学生更多、更快、更好地掌握体育基础知识、基本技术和技能的一种方法。

电化教学直观、生动形象。根据小学生的特点，采用电化教学有助于学生加深对体育基础知识、技术的理解，调动和提高学生学习的兴趣和积极性。

上述七种体育教学方法，是互相联系而又相互制约的，教师应根据教学任务、教学内容、学生特点、动作技能形成的不同阶段，以及教学中所存在的问题，灵活而有创造性地综合运用，发挥教法系统整体性在教学中的功能作用。

体育教学方法是丰富多样的。随着教师教学经验的积累和现代科学技术的发展，体育教学方法也越来越多样化。教师应在深入调查研究、钻研教材的基础上，从实际出发，创造性地运用各种方法，并在实践过程中创造和发展新的教法、教具，以便圆满完成教学任务。

第三章 小学体育教学内容

第一节 小学体育教学内容的价值判断

小学体育与健康课程对于提高学生的体质和健康水平，促进学生全面和谐发展，培养社会主义现代化建设需要的高素质劳动者，具有极为重要的作用，显示出极其重要的价值。但由于受体育教育观念和体育教学指导思想的影响，人们对小学体育教学内容价值的认识角度往往不一样，它的发挥程度也是有差异的，因而导致小学体育教学内容的价值也难以充分体现。素质教育思想提出以后，通过反复的讨论和理性的思考，人们理解了素质教育的内涵，明确了素质教育与人才培养的关系，素质教育思想得到了广泛的认同，体育教学思想也打上了素质教育的烙印，从而体育也纳入了素质教育体系，并由此引发了人们对体育价值的重新审视，使体育同人才培养目标以及人才培养质量建立起了更广泛的联系，它的多功能特点进一步为人们所认识。

(1) 小学体育教学内容的学习具有培养学生自主学习能力的功能。培养学生自主学习能力就是要使体育教学有利于学生的进一步学习，引导学生在学习中掌握学习方法、具备进一步学习的能力。在这种情况下，基本知识和基本技能学习仍是十分需要的，只不过知识与技能不再是必须接受的，而是可以探讨与探究的。所选教学内容作为一种"文化中介"，就要很好地发挥范例的作用，激发学生学习的积极性，引发学生产生问题，促进学生深入思考和探究，学生可以通过自己的经验来主动建构新的认知。

(2) 小学体育教学内容的学习具有对学生进行思想教育的功能。这里的思想教育功能与以往的思想教育有着本质的不同，所选教学内容应更加关注学生的情感、态度与价值观的发展，让学生把知识学习、能力培养与情感体验有机地结合起来，提高自身的整体素质，注意加强爱国主义和辩证唯物主义教育，培养学生热爱大自然、热爱生命的思想情感，注重体育人文精神的培养等，使其具有良好的素养和养成良好的生活方式。

(3) 小学体育教学内容的学习具有培养学生创新思维的功能，所选的体育教学内容应在学生不同的学习阶段和教育阶段提出不同的问题，设置一些创新性的实践活动，这种要求的标准应因人而异。可以根据现实生活，选择一些内容新颖又贴近生活的素材，通过这种途径培养学生的创新意识，提高学生的体育素养。

(4) 小学体育教学内容的落实具有培养教师进行创造性教学的功能。新课程对体育课所选教学内容的要求比较灵活，主要是在国家《体育与健康课程标准》的指导下由体育教师根据实际情况自主编制或对现有教材的再加工。教学的内容更加体现出地方特色和时代气息，很受学生的喜爱，应该和学生进行交流和对话，不断构建知识，使教师从学生那里获得灵感或者受到启发，使教学具有创造性、新颖性。

要实现小学体育教学内容的功能与价值，体育教师就应该树立教学内容是引导学生认知发展、学习生活、人格建构的一种范例的教材观，选择一些与现代生活相接近、有助于培养学生体育素养、终身体育意识及能力、自主学习体育知识能力的内容作为小学体育教学内容。

第二节　小学体育教学内容的选择

体育是一门以身体练习为主要手段、以增进学生健康为主要目的的必修课程，是学校课程体系的重要组成部分，是实施素质教育和培养德智体美全面发展人才不可缺少的重要途径。然而不管是重要途径或是重要作用，都离不开我们广大体育教师通过课堂教学来体现，如果课堂教学离开了教学内容就成了无米之炊。

新课标虽然规定了课程目标，但对完成课程目标所需的内容，只是提出了一个大体范围，各地区、学校、教师和学生都有相当大的选择余地。同一个目标，可以用多个教材来实现；同一个教材也可完成教学目标的多个方面。新课标下我们选择教学内容的依据是什么？用什么方法进行教学内容的选择呢？

一、教学内容选择的依据

（一）依据水平目标

"课程标准"所建立的三项目标管理体系告诉我们，选择教学内容必须符合所设置的目标要求，也就是说，考虑的问题应该是用什么内容去达到目标和怎样才能达到目标。例如，在考虑如何达成水平目标中的"发展速度、有氧耐力和灵敏"时，每一个教师都可以有自己的设计思路，如果是首选发展有氧耐力的目标，那么，用什么内容去达成"发展有氧耐力"就是教师应该考虑的问题。教师可以选择有氧健身操和跳绳这两个学习内容，也可以选择健身跑和球类活动，无论选择什么内容，其目的都是达成"发展有氧耐力"这一教学目标。

（二）依据学生的身心发展特征

教学内容的选择与学生的兴趣爱好有很大的关系，水平一——三学段的学生都处于生长发育期，无论是生理上还是心理上，对运动都有一定的需求。如果选择体育教材时并不考虑这一点，仅仅是考虑到教材内容的系统性与完整性，从单纯的竞技运动角度来设计教材内容在各年级中的分配，就会造成教材内容与学生身心发展特征不相适应、学习内容远离学生生活经验和生活实际的弊病。例如,在投掷教材中选择推铅球教材,其系统性当然是很强的,从原地到滑步,从侧向到背向,从较轻到较重。这种教材的安排从理论上讲是完全合理的,但是从学生的身心发展特征来看,则是很不合理的,因为推掷动作恰恰是生活中比较少见的,而更多的应该是投掷和抛掷。

(三) 依据学校的实际条件

教学内容的选择应该立足于学校的实际状况,如场地条件、师资力量、器材设备和办学规模等。因此,如何根据自己现有的条件来选择最适合学生发展需求的教学内容是非常重要的。在一些规模小、办学条件较差的学校,要选择如垒棒球、飞盘之类的投掷器材完全不可能。那么,我们是否可以考虑选用软式的橡胶小皮球、自制的小沙袋,甚至毽子、羽毛球、板羽球等作为投掷器材?即使在那些办学规模较大、办学条件较好的学校,也应该考虑这种因陋就简、因地制宜的做法。

二、教学内容选择的方法

(一) 从已有的内容中进行筛选

对旧教材进行深刻的反思,可以发现关键的问题产生于教学内容的组织,如跳高项目,从教材本身来看,跳高是一个人应该具有的基本技能和必须具备的生存能力。但是,把跳高项目竞技化以后,从跨越式教到背越式,从助跑、起跳教到腾空、落地,已经完全脱离了学生的生活实际。在生活实际中,跳高是一种通过较高障碍的技能,是人在应急状况下求生存的能力表现,但是,在实际应用过程中再去精确地丈量步点、用背越式姿势来求得生存是不可能的。由此可见,应该多选择与学生的生活实际紧密相连的教材内容进入体育课堂教学。

(二) 对已有的内容进行改造

传统的教材大多来源于竞技运动,教学体系也来源于竞技运动。由于竞技运动教学的最终目的是提高运动成绩而非促进广大学生的健康,因此,其教学目标也与"课程标准"所倡导的新理念不相一致。如何使竞技运动项目内容为新体育课程教学所用,这就需要对竞技运动项目进行适当的改造,剔除竞技运动单纯追求运动成绩的弊端,发挥竞技运动对人的激励作用,回归竞技运动的本质功能。我国在全国范围内推广的软式运动器材,使竞技运动项目向另一个方向发展,成为学生喜爱的大众体育运动内容,其中有软式排球、软式足球、软式垒棒球、软式哑铃等。通过对竞技运动项目的改造,体育运动的健身作用可以得到充分的体现。

(三) 从生活实际中选取

学习内容越是贴近学生的生活实际,学生学习时的兴趣、自信心与安全感就越强,如滚翻教材,从传统的教学内容安排来看,首先是学前滚翻,再学后滚翻,然后是头手倒立、手倒立。这是根据教材的难度系数来决定的,反映了竞技运动的教学特征。再看技术要求,就连最简单的前滚翻,也给了它一定的技术指标作为评价动作质量的标准,如要求滚翻的轨迹成一直线、滚翻时膝盖不能分开、空中两腿要伸直等。这些要求的提出,其基点是动作的优美性,是动作实际意义的附加值,而前滚翻的真正意义在于团身与滚动的流畅性,在于建立一种自我保护的意识和方法。因此,应该扭转这种本末倒置的现象,回归到运动的本质上,从让学生学会生活、学会生存这一角度考虑,精选必需的学习内容。

民间有着丰富多彩的体育活动内容可供选择。体育活动本来就是广大民众健身自卫的重要手段,千百年来,祖祖辈辈流传下来无数的饶有趣味、行之有效的健身方法,如划龙舟、放风筝、滚铁环、抽陀螺、摔跤、骑马叼羊、射弩、抢花炮、跳竹竿舞等,是体育与健康课程取之不尽、用之不竭的资源,是学习内容选择的重要组成部分。

(四) 从生活实际中创新

纵观体育运动的发展史,可以发现,任何一项运动其实都是来自生活实际,有的是经过了加工与发展,有的是经过了创新与改革,如标枪的演变与发展是属于前者,而飞盘则是经过了创新与改革。许多运动源于人们生活的休闲,如足球、网球等。部分运动却源于健康的需求,如篮球、韵律操等。随着现代生活方式的改变,休闲、健身对人类生活的影响越来越大,新的运动内容不断涌现,如各种健身性的舞蹈等。因此,生活才是健身运动创新的源泉。教师要善于观察生活,从生活中汲取营养,为提高学生健康水平不断创新,只有这样,才能使体育教学充满生机与活力。

总之,教学内容的选择应该是在吸收原大纲精华的基础上增加符合课改精神的新内容。特别是注重教学内容的延伸价值,让学生的兴趣、能力、心理健康、社会适应等方面得到提高,使学生得到更多更好的锻炼和学习的机会,为终身体育奠定基础,从而使学生全面地健康成长。

第三节 小学体育教学内容的加工

在当前新一轮的基础教育体育课程改革中,特别是在《体育(与健康)课程标准》取消了对具体体育课程内容的规定和指导的背景下,体育课程内容面临着更新和充实,开放与放开、引进与淘汰等问题,这是时代、教育改革和学生实际需要,也是历史的必然。但这也将给广大体育工作者带来一个全新的课题——如何对小学体育教学内容进行加工与创新。

小学体育课程内容的加工除了要遵循一些在以往的体育教学大纲(课程标准)中,《学校体育学》和《体育教学论》专业教材提及的一些原则和程序外,还要考虑加工创新的技巧与方法。

小学体育教学内容加工创新不仅有利于教学，更是实现课程价值、体现课程理念和性质，实现以"学生发展为本"的需要，是实施现代教育、教学思想，与时俱进与世界教育潮流同步的需要，是发挥地方教育、教师优质资源，创新、发展体育教育的需要。

一、小学体育教学内容加工的步骤

（一）学习领会

首先，要学习领会《体育（与健康）课程标准》的各项要求和规定，以及加工的小学体育教学内容的原则和程序，然后罗列出所有可能成为体育课程运动实践内容的体育运动素材，当然数量一定会很多，因为体育课程的内容具有多功能性和多指向性的特征。

（二）调查访谈

调查访谈对象包括教师和小学生。调查访谈主要内容包括教师的实际情况（如专项水平、技能、教学经验等）、学生的实际情况（体育基础、身体基本活动能力、兴趣爱好、身体素质等）；把符合教师和学生实际情况的体育运动素材按照被选择的程度分别排列，一个学段的排列数量至少20项。需要注意的是每个学段排列的素材有可能重复。

（三）编排

编排是指根据学生的身体和心理特点、学校传统项目、场地器材条件、地区差异、气候特点等对排列的体育运动素材进行分类，根据体育课程和教学目标选择出"精中之精，重中之重""多项体验，基本掌握""大量了解，体验文化""全面锻炼，互相结合"，即精学、简学、介绍、锻炼四种体育教学内容。

（四）初步确定

主要指根据学校场地器材数量、班级数量、学生教师数量等进行综合考虑并做出调整，确定适合本校、教室、学生、教学实际情况的每一种教学内容的数量和单项学时。在全面衡量教材容量的基础上，按照每学年有效学时60学时计算，其数量和单项学时大概可以控制在：精学1~2项，15~20学时；介绍3~4项，1~2个学时；锻炼即全面锻炼的方法，5~10分/学时。

（五）罗列的内容

罗列的内容主要是单个体育教学内容的基础知识和基本技术等，如精学篮球，就可以罗列出篮球的各项技术（包括运球、传球、投篮等）、战术、规则、项目知识等内容；简学轮滑，就可以罗列出轮滑的基本技术（站立、滑行、转弯、停止等）、规则、项目知识等内容；介绍皮划艇，就可罗列出皮划艇的各种技术、战术、规则、我国及世界竞技水平情况等；锻炼可以列出走、跑、跳、投等练习方法，耐力、力量、速度、灵敏、柔韧素质等锻炼方法。

（六）师生选择

教师根据自己的专项水平、技能面、教学经验、兴趣爱好等实际情况，学生根据自己的体育基础、兴趣爱好、身体基本活动能力、身体素质等实际情况对罗列出来的精学、简学、介绍、锻炼的单项具体内容进行选择。

（七）教学修整

根据教学目标、教学条件、教学原理、教学时数等综合考虑教师和学生选出的单项具体内容进行教学修整，最终确定每类教学内容的单项具体内容。

二、对体育教学内容加工的具体做法

（一）对传统教材内容优化、整合，对竞技性内容进行改造

课程改革并不是全盘地否定过去的一切，传统教材是我们体育工作者几代人实践总结出的结晶，在教学实践中也取得了较大的成果。所以，课程内容的选择还要以传统教材为框架，根据课程目标进行选择、取舍、优化组合，改变过去那种纯粹为了学习某项技术动作或提高某项身体素质而教学的思想观念，使传统的教材内容焕发出新的光彩。

1. 简化

传统的体育课教学内容，有很多都是竞技运动项目，教学方法也多类似于竞技运动的训练方法。那么怎样使这些内容在新课程背景下还能发挥其积极的作用？关键在把这些竞技性、技术性很强的项目进行改造——简化、降低要求。

如"排球"的教学，不能把大量的时间花在垫球、发球等基本的技术动作练习上，忽视了让学生体验排球运动本身的乐趣。而应该采用改变比赛场地，采用小场地、低网等方法，降低练习难度。同时修改比赛的规则，废除3次必须过网的规定，只要排球不落地就可以继续比赛，提高学生学习的积极性。通过这些教学方法的一些改变，把技术动作的教学有机穿插到比赛游戏过程中去，让学生在"玩球"的过程中爱上排球运动。……具体怎样改？看学生的特点，看教学的目标。让学生在"玩中学"才能使他们真正地爱上这些运动。

2. 活化

体育原本就源于生活，应该服务于生活。生活实际是体育教学不竭的源泉。作为体育教师要善于观察生活，从生活中汲取更多的营养。

搜集、选择学生课间和课外活动中喜欢玩的各种跳跃运动素材，如跳皮筋、猜拳跨步跳、跳房子、踢毽子等，然后对这些跳跃运动素材进行整理和内容形式上的分类，在此前提下，根据教学的需求，予以方式方法上的充实和合理改进，并进行多种运动形式变化，搭建重组开发跳跃教材。

又如，我国"神舟五号"飞船成功后，根据这个热点设计了"太空探密"这一情景教学课。分为"建造飞船、进入太空、登月考察、安全返回"四个部分，培养了学生自主学习、合作学习的意识，同时也提高了他们的想象力。

再如，在我们的日常生活中有许多的废旧物品，如果我们能把它们充分的利用起来又是一个很好的教学资源。目前，许多教师已经进行了这些废旧物品的尝试——纸、塑料袋、自行车车胎、汽车车胎……学生们对这些废旧物品的练习特别的感兴趣，同时它们最大的优点是可以使这些锻炼从课堂延伸至课外，从而真正达到"终身体育"的意义。

3．游戏化

对于小学生来说游戏是最受他们欢迎的内容。而大多数运动项目和活动都可以游戏化，但是需要教师对各种项目进行设计、加工。

一个游戏，通过变换练习器材、练习人数、练习姿势等一些可变因素，而游戏方法、规则基本保持不变，则会"克隆"出系列"子游戏"，也会产生一系列不同的教学效果。"快快跳起"原本是一个简单的游戏，学生都能很快的掌握。但是，通过人数的变化、器材长度的变化、跳跃方式的变化，使学生每次游戏时都有不同的感受，产生了意想不到的效果……通过这样的一些游戏变换，游戏不仅仅变得更有趣了，而且对学生能力的培养也更全面。

又如，把若干个本不相干的单个游戏，通过改良组合，成为另一个新的游戏。比如游戏"抱数成团"和游戏"抓尾巴"组合，在学生已经熟练掌握了这两个游戏的基础上把它们组合起来，不仅提高了游戏的难度，学生对此更感兴趣，更重要的是让学生意识到通过这样的游戏活动，原来他们自己也是可以创造新的游戏。

再者，就是创编游戏。与学生一起编辑、创作新游戏。教师根据自身知识的积累、生活的感受或其他事物的启发，和学生一起创作适合他们身心健康发展的新游戏。设计这些游戏的目的和关键是在于刻意引发学生在游戏活动中的思考和选择。比如"踏石过河"的游戏：过河的方式不限，只规定在游戏过程中充分利用所有的"工具"，在不掉下河的前提下，全体成员安全快捷的达到对岸，同时必须回收所有的工具。这样的游戏使学生在学会游戏的同时，能学会思考，学会合作，学会通过实践检验坚持或修正自己的主张，树立合作意识、团队精神。

（二）对传统的教学内容延用、改造、变化，使动作方法多样化

课程改革并不是不假思索地全盘否定，传统教学内容是我们体育工作者几代人实践总结出的结晶，在教学实践中取得了较大的成果。教学内容的加工还要以传统的教材为框架，根据课程目标进行选择、取舍、优化、组合，改变过去那种纯粹为了学习某项技术动作或提高某项身体素质而教学的观念。

延用：适用小学生特点，能体现课标理念的部分传统教学内容就延用。

改造：大家都有体会，传统的田径教学是学生最害怕的，也是教学效果最不理想的，是不是就此将其删除呢？基本的跑、跳、投就舍弃呢？这显然是不行的，大家只能对这些内容进行适当的改造，将一些竞技性、成人化的项目内容简化其方法、规则，降低难度要

求，使之适合儿童特点。如足球扩大球门，篮球降低篮板高度，跳远按实丈量成绩等。

变化：将正规化的动作进行变形，将简单的游戏变得复杂，变得更有趣。如：变队形、速度、距离、高度、远度、个数、信号、动作、场地、器材、个人与集体、胜负标准等。

（三）对现有教学内容的延伸、拓展，使学练内容生活化

延伸和拓展现有的教学内容是指学生从单一的技能、技巧学习向提高综合运动能力和实际生活所需要的能力方向发展。如：投掷内容从单一的右上手投延伸到左上手投，拓展到实际生活中所应用的一些方法：单手下投、飘投、抛投，双手向前、向后、向上抛投等。

（四）对现有的教学内容的联想、创造，使创新教育具体化

没有联想，就没有发现和创造。鲁班发明锯子是从树叶的形状联想到的，牛顿发现万有引力是从苹果落地联想到的；而体育学科是以"技艺性"为主，技艺思维就不一样，它是以求异思维为主联想动作变化，创编新的方法。如跳高中直线助跑、斜线助跑、弧线助跑；跨越式、剪式、俯卧式、背越式；联想动物形态模仿其典型特征，如从羚羊跑的动作联想到跑的方法；联想生活实际模拟实效动作，如跌倒后的滚动；联想相关知识，迁移、运用、体验，如掷纸飞机等。在利用现有教材内容教学的同时，教师要注意启发学生动脑运用联想，扩大教学效益，发展扩散性求异思维能力，并在此基础上创造学生自己见过或超越现有能力的动作方法，以此来对学生进行创新教育，培养创新意识。

（五）废物利用，拓展体育教学内容

开发一些民间通俗教学内容，如利用空的饮料瓶、易拉罐、塑料袋、课桌凳、自行车废旧轮胎、旧报纸等易于收集的家庭生活用品来创编。如空的饮料瓶装上水或沙可以做投掷物用，装上五颜六色的水可以做标志物用，旧报纸可以做成纸棒、纸球、纸飞机等做投掷练习，利用这些简易、安全、实用的器材资源，一物多用，不仅可以丰富教学内容，而且可为教学目标的达成提供有力的保障。

三、对体育教学内容加工创新的建议

（一）注意教学内容的基础性

小学体育课程是一门以身体练习为主要练习手段，以体育知识、技能和方法为主要学习内容，以增进小学生健康为主要目的，它具有鲜明的基础性。新课标提倡淡化技术教学，注重学习过程，注重学生学习兴趣，但学生不掌握最基本运动技能，不具备基本的跑、跳、投能力和身体素质，那么学生在学习中就会感到吃力，对体育课便会失去信心、失去兴趣，日后就不可能在体育学习、锻炼中挑战新的运动项目，因为无论什么类型的运动都要以一定的基本运动能力和身体素质作保障，因此，教学内容虽千变万化，但要注意

其选择的基础性。

（二）教学内容的选择要面向全体学生，关注个体差异，确保每一个学生平等受益

体育教学要面向全体学生，这反映了学生主体的呼唤和需求，在选择教学内容前，要深入到学生中去考察和分析，了解学生体育兴趣、爱好、态度、个性心理特征、实践能力，要充分考虑到学生在身体条件、心理个性、兴趣爱好和运动技能等方面的个性差异，尽量让学生通过自身努力都能达成教学目标，使每个学生都能体验到学习和成功的乐趣，以满足自我发展的需要，同一个内容针对不同学生的不同要求和目标可以分解、分级，让学生选择练习，真正做到因材施教，确保每一个学生平等受益。

（三）教学内容加工创新要注意学生的运动兴趣，确保每一个学生终身受益

体育教学主体是学生，加工的教学内容要充分考虑学生的需求、喜好，要精选既受学生喜爱，又对促进学生身心发展有较大价值，为学生终身发展奠定基础的体育知识、基本技能和方法作为教学内容，保证学生在身心健康发展的基础上有专长，并能加以运用，可根据学校的场地、设施等条件，确定教学内容范围，让学生根据自身条件和兴趣、爱好进行选择，学生自己喜欢了就会自觉、积极地进行体育学习，从而全面发展体能和提高运动技能，培养学生积极的自我价值感，发展个性，奠定终身体育基础。

（四）教学内容的加工与创新要与学校的硬件设施相结合

学校场地、器材等硬件设施是客观存在的因素，每个学校的条件各不相同，加上学生的信息面来源较广，所加工创新的内容往往超过实际情况，在教学内容的创新过程中，首先要让学生对学校这些硬件条件有一个比较清楚的了解，或者让学生根据内容所需要的器材，尽量让学生去发明、制作简易的器材来代替条件限制的器材，这样所选择的内容学习起来更有效果，教学意义更加深远。

总之，教学内容的加工与创新是为完成课程目标服务的，编排教学内容时要更多地研究它的功能和价值，既能促进学生身体健康，也能改善学生心理健康和社会适应能力，从而有效地将自己从"教教材"转变到"用教材教"的轨道上来，使体育课程真正成为学校教育"育人"的有机组成部分，实现体育教育的理想目标——既育体又育人。

第四章 小学体育教学管理与评价

第一节 小学体育教学管理概述

一、小学体育教学管理的意义

学校体育是学校全面发展学生身体、增强体质，传授体育知识、技术和技能，培养学生的道德、意志品质的有目的、有计划、有组织的教育过程。

学校全面发展的教育目标要求学生德、智、体全面发展，其中体质是基础。毛泽东同志曾说："体育之道，配德育与智育，而德、智皆寄于体，无体是无德智也，体育于吾人，实居第一之位置，体强壮而后学问道德之进修勇而收效速。""体者，载知识之车而寓道德之舍也。"这说明体育在培养全面发展的人的过程中有重要的作用。因此，学校管理者必须正确处理德育、智育、体育三者的关系，摆正体育的位置，重视体育工作，把体育工作纳入学校整体规范化中去，做到有计划、有目标、有措施、有检查、有总结，在财力、物力、人力上要给予保证，充分发挥体育工作的作用，促进学生德、智、体全面发展。

小学生正处在形成世界观和长身体、长知识的重要时期，学校体育教学如何，学生健康状况如何，不仅关系到亿万学生能否有健康的体魄和充沛的精力去完成艰巨的学习任务，也关系到他们将来能否承担建设强大的社会主义祖国的重任，还关系到中华民族的健康水平。健康体质是人才成功的支柱和希望所在，也是一个民族强弱盛衰的标志之一。因此，重视和搞好学校体育教学工作的管理，对促进学生的全面发展和成长，对提高民族素质，为社会主义现代化建设培养合格人才，具有极其重要的意义。

二、小学体育教学管理的基本任务

国家颁布的《学校体育工作条例》中明确指出："学校体育工作的基本任务是：增进学生身心健康，增强学生体质；使学生掌握体育基本知识，培养学生体育运动能力和习惯；提高学生运动技术水平，为国家培养体育后备人才；对学生进行品德教育，增强组织纪律性，培养学生的勇敢、顽强、进取精神。"学校体育教学的管理，就是要以党和国家有关体育工作的各项方针、指示和《学校体育工作条例》为依据，遵循学校体育教学的特点和规律，按照面向全体学生的基本方针，坚持普及与提高相结合、体育锻炼与安全卫生相结合的原则，加强领导，科学地组织学校体育教学活动；调动全校教职员工的积极性，创造必要的物质条件，保证学校体育教学工作有序地开展，达到增进学生身心健康的教育目标。

三、小学体育教学工作管理的原则

（一）树立正确的办学指导思想，重视小学体育教学工作

小学体育教学工作管理，必须根据学校教学管理的整体目标和要求进行工作。这就要求学校管理者充分认识学校体育教学工作的重要意义，坚持贯彻国家教育方针，把体育教学工作纳入学校教育的整体系统考虑，进行整体管理。从学校教育的总目标出发，加强德育、智育、体育的密切配合，使其相互渗透，相互促进。

实践证明，搞好小学体育教学工作的关键在校长。当前校长对体育教学工作大体有三种态度：一是对学校体育工作的重要性认识不足，没有按教育规律办教育，把小学教育办成升学教育，只重视智育，轻视德育和体育；二是校长对体育工作虽有一定认识，但只是一般号召，缺乏具体措施，不能保证学生的体育锻炼时间；三是既抓教学质量的提高，又注意体育卫生工作，重视学校德、智、体三育的全面管理。总的来说，学校领导对体育教学工作是一般号召多，具体指导少，遇到升学实际问题，还是智育第一，不能摆正德、智、体的辩证关系。因此，学校领导树立正确的教育思想，明确培养目标，是搞好学校体育教学工作的关键。

（二）注意加强小学体育教学和卫生的结合

学校体育和卫生是两项不同的工作，两者在内容和要求上有所区别。如体育是从锻炼方面增强学生的体质，卫生是从保健和医疗方面保护学生的健康。但是，两者的目标是一致的，都是为了促进学生身体健康，增强学生体质。它们是相辅相成、互相促进的。在积极开展体育教学工作的同时，必须加强卫生保健工作。

各小学管理者要为体育教学工作与卫生工作的结合创造条件，加强体育教研组和卫生室在工作上的互相协调、互相支持。要求体育教师和校医要互相学习，熟悉对方工作的内容和要求。体育教师和校医互相配合，有效地开展学生体育运动的卫生和安全保健工作；搞好学生的体质、健康状况的调查，根据学生的身体素质状况，安排组织体育教学进程，决定采用的教学内容和方法，合理安排运动量和进行健康分组；对体育教学、训练的组织和方法进行医学观察，施行医务监督，鉴定教学内容的安排是否恰当，训练方法是否正确，运动量是否适度；在体育锻炼中，指导学生进行自我保护、自我医务监督；严密教学组织措施，加强安全教育及防护，预防运动创伤，并组织运动创伤的急救；对运动场地和设备进行安全卫生检查；向学生宣传运动卫生，传授预防伤病和急救的知识、技能，并解答他们提出的有关问题；对病残学生开展医疗体育教学活动。

（三）注意根据小学生身心发展规律科学地组织学校体育教学工作

小学生正处在身心发展的重要时期。他们在这个时期的发育是有一定规律的，不同的年龄、不同的性别在身心发展方面都有其各自的特点。小学体育教学工作的组织和开展，要讲究科学，要根据学生的年龄特点和个性差异，遵循学生身心发展规律，有区别地、循序渐进地进行体育教学工作。由此，学校体育教学活动要合理安排运动量，因材施教，注意体育卫生。严格按照体育课程标准和国家体育锻炼标准进行，从学生实际运动水平出发，不可随意增加运动量和随意增加难度。否则，不仅不能增强学生体质，反而会损坏学生的身体。人体各器官组织功能的增强，需要长时间的锻炼，才能有效。只有经常锻炼，才能在大脑皮质上建立起巩固的运动性条件反射，逐步形成运动性的动力定型。如果锻炼不能坚持，形成的条件反射就会消退，这样，运动技术也难以掌握。这条规律告诉我们：体育教学必须循序渐进，使学生养成锻炼身体的习惯，方能使学生增强体质。学校体育教学的各项管理工作、教育内容及所制定的制度、要求、措施等都要从学生的健康出发，符合学生身心发展规律和特点，使之具有科学性，才能获得良好的管理效能。

总之，要加强学校体育教学工作的管理，减少教学工作的盲目性，避免"成人化"、形式主义和主观主义等有损小学生身心发展的工作倾向，有效地促进学生身体素质的提高。

第二节 小学体育教学管理系统

学校体育管理系统是在学校分管体育工作的校长的统一领导下由教务处、总务处、体育教研室、医务室、学生组织组成的互相联系、互相配合的统一体。

（一）校长

校长是学校体育教学工作的全面负责人，他要负责决策、指挥、协调全校的体育工作。因此，应该树立正确的指导思想，把体育教学工作放在重要的地位，抓好体育教学工作计划、执行、检查、总结各环节的管理工作，协调好体育与德育、智育之间的关系，建立体育教学管理工作岗位责任制度，充分发挥各个部门在体育工作中的作用。

（二）教务处

以教导主任为首的教务处的职责是协助校长主持体育教学工作，组织、协调各个部门的力量，实施体育教学计划，开展体育教学活动，指导体育教研室的工作，加强体育课教学管理，安排全校体育活动等。

（三）总务处

学校体育工作的顺利开展，必须有一定的经费和物质条件作基础。以总务主任为首的总务处，是体育教学工作的后勤保证。要负责安排、统筹体育经费，购置体育器材和各种设施，定期对学校体育运动器械、运动场地进行检查和维修，保证体育运动安全，为提高体育课质量服务。

（四）体育教研室

体育教研室是学校专职的体育管理机构，其职能是：制定学校体育工作计划和必要的规章制度，保证体育教学活动和各项体育活动的顺利开展；组织全室教师认真钻研体育课程标准；积极开展体育教研活动，帮助教师提高体育教学水平；认真组织课间操和班级体育活动，积极开展体育达标活动；搞好体育运动队的培养、训练和各项运动竞赛等课外体育活动；积累体育资料，开展体育如何促进学生体质健康发展等问题的研究，提高体育教学质量和管理水平。积极推行《国家体育锻炼标准》，全面做好体育宣传工作；协助校医定期检查学生的身体；和校医共同研究改进学校体育卫生工作，使体育工作和卫生工作密切配合；协助总务部门搞好体育器材的选购、保管和维修工作。

（五）学生组织

学生组织是配合学校做好学校体育工作的重要力量，在促进学生全面发展中有其独立活动的阵地。各学生组织要积极宣传学校体育的目的、意义，提高组织成员对体育的认识，培养增强自身体质、增进健康的社会责任感；教育组织成员遵守有关体育规章制度，积极参加体育锻炼，并起带头作用；组织富有体育内容的团队活动，如郊游、登山、夏令营、军事体育活动等，活跃课外生活，培养健康的课余情趣，达到增强体质、提高健康水平的目的；推荐表现好、有体育特长的队员担任体育骨干，经常关心并检查他们的工作；把体育作为评选优秀少先队员、少儿积极分子、先进少先队集体的内容。

（六）班主任

班主任是学生班集体的组织者、领导者。学校体育工作基本上是以学生班级为基层单位开展的。组织和指导本班的体育工作，是班主任的一项重要职责。班主任在体育工作方面的职责主要是：坚持全面发展的教育方针，把体育工作纳入班级工作计划，推行《学生体育合格标准》，教育、督促和带领学生积极参加体育锻炼；在体育教师指导和协助下培养班级体育骨干，制定班级体育锻炼计划，带领学生认真执行计划，严格考勤，加强管理；了解和掌握学生的健康和作业负担状况，定期向校长、教导主任、年级组长汇报；积极对学生家长宣传体育锻炼的作用，要求学生家长关心子女身心健康并督促子女坚持体育锻炼；在体育活动中加强学生的思想品德教育，教育学生热爱集体、遵守纪律、勇敢顽强、不怕困难、爱护公共财物、树立良好的赛风，讲究体育道德，把思想教育贯穿到各项体育活动中；在总结班级工作、评选先进集体、先进个人时，把体育列为重要内容，把学生参加体育锻炼的态度和表现写入操行评语。

第三节　小学体育教学管理的内容

一、体育课堂教学的管理

体育课是学校实施体育的基本组织形式,是由体育教师根据体育教学大纲的规定,按照班级授课制的形式,有组织、有计划地对学生进行的体育教学。它的任务是:使学生系统地学习和掌握体育运动的基本知识和技能、技巧,锻炼身体,增强体质,养成良好的体育道德风尚和顽强的意志品质,促进学生全面发展。体育课教学一般分理论课和实践课两种。理论课在室内讲授,内容包括体育的基本理论知识、各主要运动项目的体育规则、技术与战术的分析等。实践课则在运动场(或体育馆)进行。对体育课教学的管理分为三个环节。

（一）课前管理

（1）要求体育教师认真研究并执行新的体育课程标准,明确体育教学的目的、任务、教材体系和对教学的基本要求,并结合实际,制定学期教学进度计划、单元教学计划和课时计划。

（2）要求体育教师上体育课时要从小学生实际出发,根据小学生的年龄特征和性别特征进行教学。

（3）要求体育教师能根据教学内容、小学生的特点和具体条件,科学地选择教学方法。体育课常用的教学方法有完整法和分解法、讲解法和示范法、练习法。

（4）体育教师在上课前主动通知学生上课内容,让学生提前做好各种准备。

（5）体育教师要安排和检查好教学场地和器材。

（二）课中的管理

对体育教师的基本要求是:

（1）教学目的明确,教学内容的安排符合小学生年龄特征,遵循人体生理功能活动变化的规律。

（2）教、学、练的结构和步骤、层次清楚。学生运动量适当。

（3）教学技能全面,会讲、会教、会做、会组织。必须在规定的时间内完成教学任务,使70%～80%的学生能掌握基本要领并形成相应的技能。

（4）严格体育课的考勤和考核制度。

（5）高度注意学生的安全。

（三）课后的管理

体育课后,指定学生及时整理、归还体育器具;教育学生注意运动卫生,不许学生立即大量喝水，更不能喝生水，不能立刻大量进食，不要在"风口"久留；教师应做好课后分析并记入课时计划。一个教学阶段结束，教师应做出体育工作小结；学期结束，每名体育教师应做好体育课所教项目的技术和达标两方面的考核评定，并应向教研组提交本学期教学工作总结；学年结束，体育教研组组长应向学校领导提交本组教学工作总结报告。

二、课外体育活动的管理

（一）早操和课间操的管理

为了保证上操质量，在管理上要做好以下几项工作：①全体教师配合。教师不得拖堂，学校不在上操时间安排其他活动。②教职员以身作则。学校全体教职员（包括领导干部）应积极上操，带头锻炼，以身作则。③培养小助手。各班要培养好体育委员和领操员。学校要发挥学生会、少先队学生干部的作用，做好上操的组织、督促等工作。④抓好检查评比工作。

（二）体育锻炼小组的管理

体育锻炼小组活动在体育教研组统一指导和规划下进行。活动场地和体育器材由体育教研组统一调配。根据学生的兴趣爱好和特长编成若干小组。要统一安排辅导力量，体育教师分工负责，做到每次锻炼活动有人组织、有人指导，要发挥学生体育骨干的作用，要建立考勤、测验、评比制度，促进学生课外体育锻炼持之以恒。只有达到以上要求，才能使课外体育锻炼收到实效。

（三）运动竞赛的管理

运动竞赛是推动学校广泛开展群众性体育活动的有效方式，是检阅学校体育工作成绩，交流经验，加强团结，促进学生积极锻炼，提高体育运动技术水平和思想品德水平的有效方法。运动竞赛的管理要注意：①经常性。每学期或学年都要定期举行各种竞赛活动。②群众性。要面向全体学生，除开展全校性大型运动竞赛外，多开展班级、年级间的竞赛，坚持小型多样、单项分散，以校内为主。③季节性。组织竞赛要考虑季节的特点，一般秋季举行田径运动会，春季搞球类比赛，冬季搞长跑、跳绳、踢毽子等比赛，夏季搞游泳比赛等。④传统性。学校根据本地区、本校的特点，适当增加有传统特色的并深受学生欢迎的运动竞赛。⑤协调性。注意与整个学校教育教学工作密切配合，不要妨碍学校正常教学秩序。⑥纪律性。要加强赛场管理，搞好赛场纪律，培养良好的体育风尚。

（四）运动训练的管理

运动训练是指学校利用业余时间，对部分体育基础好并有一定专长的学生，通过运动队的形式，在教师或教练员的指导下，进行系统的专项训练，以提高专项运动技术水平。它是学校课外体育活动的一个重要组成部分。对于提高学生运动成绩，开展运动竞赛，推动群众性体育运动的开展，为国家输送优秀运动员，具有重大意义。运动训练的管理包括运动队的选项、建立运动队、运动队的组织管理和运动员的输送工作等方面。

三、体育设施和器材的管理

体育场地和器材是学校开展体育活动的物质条件，应按国家或地方教育行政部门制定的标准，有计划地逐步达标。学校管理者一方面要大力宣传、呼吁社会各界重视和支持学校体育工作，争取必要的外援，求得社会资助，通过各种渠道设法筹集体育经费，修建和修整体育场地，添置必要的体育器材；另一方面，要鼓励全校师生发扬艰苦奋斗、自力更生的精神，自己动手，制作体育器材和更新体育设施，对已有的体育设施和器材要严格管理，做到有专人负责保管，对破损器材及时维修，尽量提高它们的使用寿命。新建学校应将体育场地规划在内，场地要符合一定规格和卫生、安全要求。

四、学校体育的检查和总结评价

（一）学校体育的检查

学校体育工作的检查，包括接受上级教育行政、体育行政、卫生行政部门的检查和学校领导进行的对本校体育工作的检查。学校自行组织的检查内容主要包括四个方面，即对学校体育各环节的实施的检查；对体育教研组、卫生室、班级体育工作的检查；对学生体质状况的检查；对学校领导者进行体育工作领导行为的检查。

（二）学校体育的总结评价

学校体育的总结评价主要包括三个方面，即对学校体育工作质量的总结评价，对学生体质变化及其水平的总结评价，对学校体育工作计划施行情况和对学校体育工作计划本身的科学化、可行性的总结评价。评价方法一般采用：①观察法，指观察学生一天体育活动全过程，观察体育课的教学质量，观察学生运动训练的内容、方法和质量；②谈话法，包括与班主任、教师、学生代表个别谈话或座谈；③调查法，指访问有关的体育老师、家长及有关人员；④测试法，包括口试、笔试及技能操作测试和生理测定；⑤查阅文件法，指查阅学校体育工作计划、教学计划、训练计划、总结及有关会议记录资料、体育课及体育锻炼的笔记、达标成绩登记簿，查看场地、设备、器材；⑥统计法，指根据各方面的情况，统计数据，分析资料。评价结果尽可能采用图表等直观形式来说明，便于掌握各种指标的相互关系。

五、体育宣传、情报资料的管理

开展体育宣传教育工作，其目的在于使全体师生员工不断加深对体育的认识，重视体育锻炼和体育管理工作；使大家了解本校、本地区、全国体育工作的新成就，振奋士气，增加凝聚力；培养良好的体育道德品质和赛风。加强宣传教育工作管理，要建立一定的制度和宣传组织。一般是在体育教师指导下，协同少先队大队部成立宣传小组，各班设宣传员，形成宣传网络。可确定一天为体育广播日，每周出一期墙报（或黑板报），不定期举行体育专题讲座、体育图片展览，观看体育电影、录像等。宣传要有计划，结合实际，抓住时机，做到坚持科学性、针对性、实用性，把宣传和体育工作紧密结合起来。

体育情报资料工作，对于改善体育工作管理，提高管理水平，提高体育教师业务水平，促进体育研究工作的开展，都有重要意义。体育情报资料工作可由学校图书管理员和体育教研组协同开展。

第四节 体育教学评价概念、功能与原则

一、体育教学评价的概念

在体育课程改革的新形势下，新课程标准所倡导的体育与健康课程学习评价更强调评价体系的多元性，突出评价的反馈与激励作用，关注学生的身心健康发展，为每个学生自主学习和探究学习创造机会和条件。因此如何转变教育评价观念，使体育教学评价既有可操作性，又能全面有效地评价学生的体育健康学习成绩，从而促进学生的进步和发展，是每一位体育教育工作者所面临的问题。

始于20世纪30年代的现代教学评价的理论和方法对体育教学评价有直接的指导作用。介绍教学评价具有以下几个基本特征。

（一）教学评价是建立在事实判断基础上的价值判断活动，是主观性客观性相统一的认识活动

人们从事教学评价的目的是要按照自己的意愿对教学活动进行正确导向，所以十分注重对教学过程、教学结果做出价值判断。

（二）教学评价是对教学过程及其结果的动态评价

教学评价的根本目的是使一切教学活动都为教学目的服务，因此，教学评价不单是教学过程评价，也不仅是对结果的评价，而是两者的统一，即在评价过程中，要看这一过程是否有利于达到预定的目的，能否取得良好的效果。在评价结果时则要考虑取得这一结果的手段、方式和过程。

（三）教学评价必须以教学目标和教学原理为依据

教学目标是教学活动的出发点和归宿，因此教学评价是完整教学过程的一个重要组成部分。

综上所述，体育教学评价是指以体育教学目标为依据，制定科学的标准，运用一切有效的技术手段，对体育教学活动的过程及其结果进行测定、衡量，并给以价值判断的过程，它主要包括对体育教师教的评价和对学生体育学习的评价两个方面。

二、体育教学评价功能

体育教学评价是根据体育教学目标，对体育教学活动的过程、教学结果进行客观衡量和科学判断的系统过程。它有以下几项功能。

（一）诊断功能

诊断功能是对体育教学结果及其成因的分析过程，借此可以了解到体育教学各个方面的情况，从而判断体育教学的成效和不足、矛盾和问题。通过体育教学评价，体育教师可以客观地、科学地鉴定体育教学的质量，了解学生在某阶段掌握知识技能和技术的情况以及存在的问题，从而设计更适合学生的体育教学方案。全面的体育教学评价不仅能估计体育教学目标的达成程度，而且还能揭示体育教学效果不良的原因，它如同进行体格检查，可以对体育教学现状进行严谨的诊断，进而为体育教学决策和改进提供反馈。例如通过对体育教学设计方案的评价，可以知道这个设计方案是否符合要求，从而决定是否采用或是否需要进行修改与调整。

（二）导向功能

由于不同的评价标准会得出不同的评价结果，因此评价标准像一根"指挥棒"一样起着导向作用。体育教学评价的内容和评价标准往往影响学生学习的方向、内容、重点和学习力量的分配。体育教师所确定的体育教学目标、体育教学重点也会受到体育教学评价的制约。评价后的反馈为体育教学的决策和改进指明了方向，获得肯定的做法，将会在体育教学中得到强化；被否定的做法，将会得到改变和纠正。

（三）调控功能

体育教学评价的结果为体育教师和学生提供反馈信息，使他们及时了解教和学的情况，为调整体育教学活动的内容和形式提供依据。体育教师可以据此修订教学计划，改进教学方法；学生可以据此调整学习策略，改变学习方式。体育教学评价有利于使教学过程成为一个随时得到反馈调节的可控系统，使教学活动越来越接近预期的目标。

（四）激励功能

科学合理的体育教学评价可以调动体育教师教学的工作积极性，成为激励学生体育学习的内部动因。体育教学评价对体育教学过程有监控作用，对体育教师与学生是一种强化和促进。通过体育教学评价反映出教师的教学效果和学生的学习成绩，对教师的工作热情和学生的学习动机有很大的激励作用，较高的评价能给教师、学生以心理上的满足和精神上的鼓励，可以激发师生向更高目标努力的积极性；较低的评价也能催人深思，激发师生奋起直追。

三、体育教学评价原则

体育教学评价原则是开展体育教学评价所必须遵从的基本原则，它集中体现了体育教学评价的指导思想和基本要求，又是体育教学评价规律的反映。而且体育教学评价原则是在体育教学和体育评价的过程中不断发展、不断完善的。因此必须根据体育教学的规律和特点，确立一些基本的要求，作为评价的指导思想和实施准则。

具体来说，体育教学评价应贯彻以下几条原则。

（一）科学性原则

体育教学评价必须根据客观规律，实事求是，努力实现评价标准、程序和方法的科学化。在进行体育教学评价时，不能光靠经验和直觉，而要根据科学。只有科学合理的评价才能对体育教学发挥指导作用。科学性不仅要求评价目标、标准的科学化，而且要求评价程序、方法的科学化。

贯彻这条原则时：

（1）要有科学的态度，要做到客观公正，实事求是。

（2）要建立一个科学合理的评价指标体系，提高体育教学评价理论与技术的科学性。

（3）在评价过程中，要采用科学的评价方法，使评价结果准确、可靠。

（二）客观性原则

客观性原则是指评价者要以真实的资料为基础，对体育教学活动过程和成果做出客观的价值判断。在进行体育教学评价时，从测量的标准和方法，到评价者所持的态度，特别是最终的评价结果，都应符合客观实际，尽量消除主观因素的干扰。因为体育教学评价的目的在于给学生的学和体育教师的教以客观的价值判断。如果缺乏客观性就会完全失去意义，还会提供虚假信息，导致错误的体育教学决策。

贯彻这条原则时：

（1）应做到评价标准客观，不带随意性。

（2）应做到评价方法客观，不带偶然性。

（3）应做到评价态度客观，不带主观性。

（三）全面性原则

全面性原则是指对评价对象的各个方面进行全面的评价，不应特别突出某一方面。在进行体育教学评价时，要对组成体育教学活动的各个方面作"多角度、全方位"的评价，而不能"以点带面，以偏概全"。体育教学活动是个复杂的完整的系统，既有体育教师的教，也有学生的学。因此，要真实地反映体育教学效果，必须对体育教学活动进行全面的评价。评价过程中收集的信息也要全面，不能偏听偏信。

贯彻这条原则时：

（1）在制定评价指标体系时要注意其全面性，对评价对象的各个方面都要考虑到。

（2）要把握主次，区分轻重，抓住主要矛盾，在决定体育教学质量的主导因素和环节上花大力气。

(3) 要把定性评价和定量评价结合起来，使其相互参照，以求全面准确地判断评价客体的实际效果。

（四）激励性原则

激励性原则是指体育教学评价应促使评价对象形成继续努力或在以后的工作中改善不足之处提高活动效果的动机或期望。

贯彻这条原则时：

(1) 要做到体育教学评价过程及其结果客观、公正、准确。

(2) 要坚持从评价对象的实际出发，充分考虑客观条件，为评价对象提供活动的可能性空间，使评价对象乐于接受评价的结果。

（五）可行性原则

可行性原则是指体育教学评价的设计与组织是切实可行的，各项指标是现实条件能基本达到的。

贯彻这条原则时：

(1) 设计的体育教学评价方案应简便易行，既便于学校领导和教育行政部门监督检查，又便于体育教师、学生进行自我评价。

(2) 评价项目的多少及等级要合理，不能过于繁杂。

(3) 确定评价指标要从体育教学的特点出发，反映体育教学的客观规律。

（六）一致性原则

一致性原则是指进行体育教学评价时，必须标准一致才能比较、甄别，改进体育教学工作。只有遵循一致性原则，才能区分评价对象的差别，确定评价对象在群体中的位置。体育教学评价是分层次、分项目进行的。在进行具体评价时，各级各类学校、不同的项目都有不同的评价标准，但在评价标准确定以后，在具体执行时必须坚持一致性，要用统一的标准进行测评，不能因为学校的场地设备、师资水平和学生基础的不同而降低或改变标准，否则就失去了对体育教学评价的意义。

第五节 体育教学评价类型、指标体系

一、体育教学评价类型

按照不同的分类标准，体育教学评价可分成不同的类型。

（一）按评价基准不同，教学评价可以分为相对评价、绝对评价、自身评价

1. 相对评价

相对评价是在被评价对象的群体或集合中建立基准，然后把各个对象逐一与基准进行

比较，来判断群体中每一成员的相对优劣。它通常是以群体的平均水平为基准，以被评价对象在这个群体中所处的位置来判断。对体育学习成绩的判定一般是以群体的平均水平为基准，以个人成绩在这个群体中所处的位置来判断。如体育锻炼标准的达标、体质评价等都是这类评价。

相对评价的优点是适用面广，甄别性强。就是说，无论群体的整体水平如何，都可以比较出优劣；它的缺点是，基准会随着群体的不同而发生变化，因而易使评价标准偏离体育教学目标，不容易充分反映出体育教学上的优缺点和为改进体育教学提供依据。

2. 绝对评价

绝对评价是根据体育教学目标对体育教学设计方案、教和学的成果所作的评价。它将体育教学评价的基准建立在被评价对象的群体或集合之外，把群体或集合中每一成员的某种指标逐一与基准进行对照，从而判断其优劣。评价的标准一般是《体育与健康课程标准》《课程实施方案》《水平教学计划》以及由此确定的"评判细则"。

绝对评价的优点是评价标准比较客观，如果使用得当，可使每个被评价者都能看到自己与客观标准之间的差距，以便不断地向标准靠近。另外，体育教学的管理部门通过这种评价，可以直接鉴别各项体育教学目标的达成情况，明确今后的工作重点。它的缺点是，在制定和掌握评价标准时，容易受评价者的原有经验和主观意愿的影响。

3. 自身评价

自身评价是被评价者对自己的过去、现在或不同侧面作纵横比较，以确定自己的进步情况和各方面能力的评价。

自身评价的优点是尊重个性特点，照顾个别差异，通过对被评价对象内部的各个阶段或各个方面进行纵横比较，判断其现状和趋势。但由于被评价者没经过与具有相同条件的其他被评价对象作比较，难以判定他的实际水平和差异。因此，在体育实践中常需把自身评价和相对评价结合起来使用。

(二) 按评价功能不同，体育教学评价可以分为诊断性评价、形成性评价、总结性评价

1. 诊断性评价

诊断性评价也称前置评价。一般是在某项体育教学活动开展之前，如在体育教学设计的前期分析中，对学生的知识、技能、智力、体能和态度等状况进行摸底测试，以确定学生的实际水平和准备状况，判断其是否具有实现新体育教学目标所必需的基本条件，为体育教学决策提供依据，使体育教学活动适合学生的需要和背景。这里的"诊断"是一个范围较大的概念，除了验明缺陷和问题，还包括对各种优点和特殊才能禀赋的识别。因此，诊断性评价的目的是设计出可以满足不同起点水平和不同学习风格的学生所需要的体育教学方案，并分别将学生置于最有益的体育教学程序中。

2．形成性评价

形成性评价是体育教学活动过程中，为使体育教学效果好而不断进行的评价。它有助于及时了解阶段体育教学设计成果和阶段体育教学结果、学生学习的进展情况、存在问题等，以便及时反馈，及时调整和改进体育教学工作。形成性评价进行得比较频繁，如一个知识点后的提问、练习，一节课后的小测试，一个单元之后的技评等。体育教学设计活动中进行的评价主要是形成性评价，如对新的体育教学方案作评价通常是在该方案的试行过程中进行的，目的是为修改该方案收集有力的证据。对于提高体育教学质量来说，重视形成性评价比下述的总结性评价更有实际意义。

3．总结性评价

总结性评价又称后置评价，一般是在体育教学活动告一段落后，为把握活动最终效果而进行的评价。如学期末或学年末的体育考核、考评，目的是检验学生的体育学习结果是否达到了体育教学目标的要求。总结性评价注重的是教与学的结果，借以对被评价者所取得的较大成果做出全面鉴定、区分等级或对整个体育教学方案的有效性做出评价。

（三）按评价内容不同，体育教学评价可以分为过程评价、结果评价

1．过程评价

过程评价是在体育教学过程中对达到体育教学目标的方法和手段进行评价。过程评价主要是关心和检查用于达到目标的方法和手段。例如，完成某一体育教学目标，用游戏法好还是用竞赛法好；完成某个动作技能的教学，用完整法好还是用分解法好；学生某种技能的习得，是自己探索发现的还是在与同伴的协作、讨论中获得的。因此，过程评价往往是在体育教学过程或体育教学设计过程中进行的，它既用于完成还需要修改的形成性评价，也用于完成体育教学过程中对时间、费用、学生接受情况等方面的总结性评价。

2．结果评价

结果评价是对体育教学活动实施后的效果评价。例如某体育教学方案的实施效果或某计算机辅助体育教学软件的使用价值。它倾向于完成总结性评价的功能，但也可提供形成性评价的信息。

（四）按评价分析方法的不同，体育教学评价划分为定性评价、定量评价

1．定性评价

定性评价是指以标准来衡量指标体系中项目要求的程度或各种规范化行为的优劣程度，一般用评语或符号来表达。如在体育教学评价中，常用评语描述评价对象达到什么程度为好，什么程度为较好等。定性评价侧重于用分析和综合、比较和分类、归纳和演绎等方法对评价作"质"的分析。

2．定量评价

定量评价是对评价资料作"量"的分析，是运用统计分析、多元分析等方法，对所获

得的数据和资料做出定量结论的评价。如《学生体质健康标准》中,小学水平三女生一分钟仰卧起坐的标准是43个以上为优秀,35~42个为良好,22~33个为及格,21个以下为不及格。定量标准有利于提高评价结果的精确性和客观性。

定量评价侧重于从"量"的角度运用有关数学方法,从纷繁复杂的数据中得出有规律性的结论。由于体育教学涉及人的因素,各种变量及其相互作用关系比较复杂,因此为了揭示数据的特征和规律性,定量评价的方向、范围必须由定性评价来规定。可以说,定性评价和定量评价是密不可分的,两者互为补充,相得益彰,不可因片面强调一方面而忽视了另一方面。

上面各种评价的功能各不相同,都有自己的优势,也都有自己的不足。在对体育教学进行评价时,必须根据体育教学的目标和需要选择适当的评价类型。

二、体育教学评价的指标体系

《教育大辞典》中对评价指标体系是这样定义的:"评价指标体系是由一系列反映被评价对象目标的、相互联系的指标构成的有机整体。反映被评价对象在实现目标过程中,各个方面的相互依存关系。"体育教学评价指标体系是对体育教学质量要求的具体规定,它是整个体育教学评价工作的基础和依据。

体育教学评价指标体系的建立关系着评价是否客观、是否切合实际;关系着评价是否能顺利进行,是否能做出科学、准确的价值判断;关系着评价是否能发挥其作用。它是体育教学评价工作成败的关键,也是体育教学评价工作中难度最大的一道工序。制定评价指标体系就是把评价目标具体化,使评价目标变成能够测量的具体量表和尺度。

(一)体育教学评价指标体系的结构

1. 框架

体育教学评价指标体系由反映评价对象内涵的指标及其评价标准和量化符号构成,其主体框架是指标。"评价对象"与"指标"是相对而言的,"一级指标"既是说明"评价对象"的指标,也可被看做是"二级指标"的评价对象;"二级指标"也可成为"三级指标"的评价对象。在指标体系中,指标是由抽象、概括变得逐渐具体、独特。

2. 指标

进行体育教学评价必须有一个比较公认的指标。体育教学设计的成果主要体现在体育课堂教学方案和媒体教学材料之中,而制约体育课堂教学效果的基本因素大致包括体育教学目标、学生、体育教师、体育教材、体育方法和管理等。

现将由这些因素引发出来的评价指标分述如下:

(1)与体育教学目标因素有关的指标。根据国内比较流行的教学目标分类方法,与之有关的指标一般分为认知、情感和技能三个方面。认知领域可分为四个层次:识记、理解、运用、综合；情感领域可分为四个层次：接受、反应、价值化、性格化；动作技能领域可分为三个层次：知道、学会、熟练。

（2）与学生因素有关的指标。

第一，可以从表情上分析学生对体育教学内容难度和速度的适应性。例如，与体育教师讲解速度同步；与体育教师讲解速度不能同步，嫌快嫌慢；对体育内容感到费解等。这些情况在全班学生中各有多少人？所占比例如何？

第二，可以从课堂提问中分析学生对体育教学内容的理解程度，例如，学生对所提问题的最初反应是热烈、高兴、很快举手，还是不很主动但作了思考，或是不理会、回避甚至恐惧；学生回答问题时的反应是思路敏捷、叙述流畅、答案正确，还是表达了思想但答案不完全正确，或是思路不畅、叙述不清、回答错误。这些情况在全班学生中各有多少人？所占比例怎样？

第三，可以从课堂秩序上分析学生对体育学习的注意或投入程度。例如，学生是积极主动地围绕体育教师的讲解和提问进行思考，在良好的秩序下互相讨论，还是虽然气氛平静，但注意力不完全和讲授同步，或是不太安静，有各种各样注意力涣散的表现。

（3）与体育教师因素有关的指标

第一，体育教师教学能力方面。可以从讲述体育内容中判断体育教师的专业水平；从选用体育教材上判断体育教师吸取、处理和传递知识的能力；从讲授的准确程度和严谨情况判断体育教师的逻辑思维能力；从讲解时能否随机应变判断体育教师对学生反应的敏感程度和及时调整能力；从体育教学全过程的整体素质上判断体育教师是否经过系统的师范教育训练。

第二，体育教师课堂控制能力方面。可以从课堂纪律状况分析控制水平，了解是外部因素还是内部因素在左右体育教学过程；从处理偶发事件的效果上推断教师维持正常体育教学秩序的能力。

第三，体育教师教学行为方面。可以从体育教师仪表、教态是否自然、大方、亲切判断师生情感的融洽程度和体育教学气氛的和谐程度。

第四，体育教师教学技能方面。普通话和口语表达技能、示范技能或书面表达技能、体育教学工作技能（包含体育教学设计、使用媒体、体育课堂教学和体育教学研究等技能）和班主任工作技能等方面的具体指标和要求。

第五，体育教师的人格、心理特征方面。可以从学生对体育教师的角色期望来衡量体育教师所应具备的心理品质。

（4）与体育教材因素有关的指标。这方面可以从体育教材体系与学生实际水平之间差距的弥合程度判断其是否符合体育教学目标，是否有助于培养逻辑思维能力，是否对日常生活有实用价值；从授课过程中判断是否精选了体育教材，体育教学内容是否根据学生的兴趣和学科的特点；从讲授的内容上判断知识体系是否完整，条理是否清楚，层次是否分明，是否注意到了前后呼应和触类旁通；从体育教学内容难易程度上判断重点是否明确，难点是否可能解决。

（5）与体育教学方法和管理因素有关的指标。在体育教学方法方面，要判断所选用的方法是否符合学生的特点和体育教师的特点；能不能维持学生的注意和兴趣；能不能促进学生的理解和记忆；能给学生带来多大的满足感。在体育教学管理方面，要判断学生是否有学习的需要和要求；学生是否乐意在这位体育教师指导下学习；课堂秩序是否稳定，纪律是否严明；对偶发事件是否处理得当。

三、体育教学评价标准的表达方式

体育教学评价标准主要有评语式标准、期望行为式标准、隶属度式标准。

（一）评语式标准

常用的评语式标准是将末级指标按内涵分解成若干因素，每个因素都以评语式的语言叙述标准。它有多种形式，可归纳为分等评语式、期望评语式和积分评语式三种。

（1）分等评语式标准。采用分等评语式标准是指对每个末级指标列出各等级标准。如下面是某体育教师体育教学质量评价指标体系中的分等评语式标准。

优：内容准确，适量适度，重点突出，难点分散，渗透思想教育。

良：知识准确，适量，体现重点，难点。

一般：知识比较准确，有重点，有详略。

差：传授有误，重点难点模糊，内容组织不合理。

（2）期望评语式标准。是对体育教学评价指标体系的每项末级指标都以期望的最理想的要求拟定相应的标准，因此这种标准只给出最高等级的标准，其他等级的标准只能根据最高等级的标准推及，其分寸较难把握。

（3）积分评语标准。是把末级指标分解成若干要素（以评语的形式编写），给每个要素赋值，每个评价对象在各要素上得分之和便是其评价总分。

（二）期望行为式标准

期望行为式标准是指将每个末级指标分解为若干行为因素，对每个行为因素选择一个具体的关键行为作为评价该行为因素的标准。

（三）隶属度式标准

隶属度式标准是用模糊数学中的隶属度函数为标度的评价标准。这种标准就其内容而言，仍是评语式等级标准，不过是运用模糊集合的概念，采用 $[0，1]$ 区间赋值的办法来规定每个要素各等级的隶属度范围。

无论是哪种形式的评价标准，在编写时都要力争界限清晰，不同等级的评价标准之间,从高到低要有明显的等级层次,便于评价时对各因素的不同水平进行区分。

评价指标与评价标准之间存在着密切的联系。一方面评价指标是评价标准的基础,没有指标,标准就会失去意义;同时,评价标准又是评价指标实现程度的衡量尺度,没有标准,我们就无法对体育教学目标的实现程度进行价值判断。另一方面评价指标与评价标准具有相对性,在某些情况下原来为指标的内容,可能会转化为标准,而原来作为标准的内容也可能转化为指标。如在体育实践课评价量表中,指标内涵既可作为三级指标,也可作为评价标准。

(四)量化符号

量化符号一般有权数和分数两类。这两类数值是用来反映某一个体在整体中的相对地位的。权数常用小数形式,一般把同一级指标群集视为一个整体,整体权数总值为1。此外还有其他形式,如百分数等。

分数包括指标赋分和等级赋分两种。同一级指标赋分,满分值为100分。等级赋值可使用达到度,如A、B、C、D四等的达到度为0.95、0.85、0.75、0.65。在体育教学评价指标体系中,既可以单独使用其中的一类,也可以将这两类数值结合使用。

对指标、评价标准、量化符号等内部元素的分析,使我们认清了体育教学评价指标体系的横向关系,即指标体系的同一级指标群中,各类指标间的关系,各项指标的权数或分数间的关系,末级指标的各类评价标准间的关系等,加深了对评价指标体系内部结构的认识。

四、构建体育教学评价指标体系应注意的问题

构建体育教学评价指标体系首先要考虑的是信度和效度问题,因为信度和效度是体育教学评价指标体系实施的前提条件,信度和效度是衡量体育教学评价指标体系构建质量的重要尺度。

(一)信度

也称可靠度,它表示一种评价指标体系与评价结果的一致性与稳定性程度,通常以相关系数来表示信度的高低。相关系数越大,说明信度越高,反之,则越低。根据评价操作方式及误差来源的不同,我们可将信度分为重评信度、评价者信度和事实信度。

1. 重评信度

同一评价者运用同一体育教学评价指标体系去重复评价某一对象,检查所得结果的一致性程度,可称之为重评信度。如果用同一指标体系去评价同一对象,在相隔较短的时间内实施两次或两次以上,其评价结果越接近,则信度越高,结果相差越大,则信度越低。

2. 评价者信度

不同评价者运用同一体育教学评价指标体系在相隔较短的时间内去评价同一对象,检

查不同评价者所评结果的一致程度,可称为评价者信度。

3. 事实信度

同一评价者使用两种或两种以上的指标体系,几乎同时对同一对象进行评价,考察指标体系所得结果的真实程度,可称为事实信度。所得结果较能符合事实的评价指标体系,即被评的数据和资料的可靠性就强,评价结果较真实,因此为信度高;相反,被评数据和资料与事实不符,评价结果不真实,此为信度低。

一般情况下,指标是否客观,指标与指标之间是否相互独立,界限是否清楚,软硬指标的比例、等级的划分是否明确都会影响评价指标体系的可靠度。另外,它还受评价过程、评价方法以及评价者的价值观、质量观等因素的影响。

(二)效度

体育教学评价指标体系的效度是评价指标、评价标准、评价的量化符号设计的准确性和代表性。它要考察的是评价的结果合乎预期目标的有效程度,有效程度越高,则效度越高,说明评价指标体系的各种元素的设置的准确性、代表性越高,评价工作更有效;相反,有效程度越低,则效度越低或无效度可言,说明指标体系缺乏代表性,从而使体育教学评价工作成为无效的劳动。

在实践中,如果体育教学评价指标体系中指标的设置不合理,指标权数分配或赋分不合理,评价标准不科学,等级赋分不恰当等因素,都会降低体育教学评价指标体系的效度。效度一般分为内容效度和效标关联效度。

1. 内容效度

内容效度是在评价指标和标准组织下能够达到预想的评价目标,能够真正反映所评的有关内容。我们可以把评价目标的全部内涵作为一个整体,把评价指标体系作为一个样本,这个样本能够代表总体的程度就是内容效度。对内容效度的鉴定常用逻辑分析法,即依靠有关的内行、专家对指标设计的依据,权重确定和标准制定的方法,是否能有效反映所要评价的内容进行鉴定。确定内容效度的具体做法包括对评价的每一项目是否能识别体育教学水平,是否能区分学生学习水平进行判断,排除识别能力低的项目,就可以产生一个相对有效的、有识别能力的体育教学评价问卷、测验或评价量表。

2. 效标关联效度

效标是指用于估量评价效度的标准。效标关联效度是指某一评价结果与另一评价结果的相关程度。即某一评价效度的高低,可用另一评价结果作为标准,然后用两次平均结果的相关系数来评价。

第六节　体育教师教学评价内容与学生的评价

一、体育教师教学评价内容

体育教师的工作情况评价是全面衡量体育教师工作的重要手段，一般可分为体育教学工作量评价和体育教学成绩评价。体育教师的教学工作量包括备课、上课、课外活动辅导和运动队训练等。体育教师教学工作成绩的评价包括体育课堂教学质量、体育教学改革成果、体育教学经验总结或体育教学研究论文、学生学习质量（考核成绩的及格率、优秀率、平均成绩）等几个方面。

课堂教学是体育教学工作的中心环节，课堂教学的好坏是提高体育教学质量的核心问题。体育教学评价是检查、总结和指导体育教学的先决条件和重要依据，是加强体育教学管理，调动体育教师的积极性，提高体育教学质量的一项有效措施。

体育课是体育教学的基本形式，也是体育教学评价的重点。其具体内容一般包括以下几个方面：

（1）体育教学思想的评价。主要指体育教师在教学过程中能否坚持"教书育人"的原则，是否有改革创新的精神，是否促进学生的全面发展。

（2）贯彻《体育与健康课程标准》情况评价。课堂教学的教育目标是否符合《体育与健康课程标准》的要求，教学是否紧紧围绕教学目的进行，是否完成了《体育与健康课程标准》所规定的教学任务和教学内容，是否有达不到要求的现象。

（3）体育教学内容的评价。体育教学内容是否紧紧围绕教学目标进行安排；是否达到科学性和思想性的统一；是否将思想品德教育寓于教学内容之中；是否科学安排运动负荷；是否合理组织教学。

（4）体育教学方法和教学手段的评价。体育教师能否依据教学的具体任务和内容特点，有针对性地选择教学方法；教学方法的选择是否符合学生的身心特点；是否有利于激发学生的学习兴趣和学习动机；教学方法是否具有启发性，是否有利于培养学生的独立思考、分析问题、解决问题的能力和创新精神；教学手段的运用是否增强直观性，是否有助于提高学生的学习效率。

（5）体育教学技能的评价。讲解是否语言规范、准确简洁；是否正确运用术语和口诀，示范动作是否正确优美；是否能沉着冷静机智地处理课堂突发性事件，使教学顺利进行。

（6）体育教学效果的评价。是否很好地完成教学任务，学生是否掌握教学内容，是否充分发挥学生的学习积极性和主动性，是否培养学生勇敢、顽强、竞争、合作等心理品质；是否能激发和保持学生运动的兴趣，促进学生体育锻炼习惯的形成。

二、关于学生的评价

体育教学评价首先考虑的问题是从教学的基本目标和教学过程中的各种目标出发，对学生的现状及达到目标的程度进行考查。因此，体育教学目标评价的首要任务之一是对体育教学主体——"学生"的评价，它包括以下几个方面。

（一）学业的评价

学业的评价是根据《体育与健康课程标准》所规定的学习目标和学习内容，对学生个体或群体的学习过程和学习成果进行价值判断的活动。体育学业评价应以"育人为本"，注重学生体育素质的全面发展。评价的目的在于了解学生的体育学习情况，发现不足，找出原因，以便改进学习策略和方法，其主要功能在于反馈和激励，而不是甄别和选拔。

体育学业评价的内容包括体育基础知识、身体素质和运动能力、运动技能、学习情感等四个方面，只有将四个方面评价的结果综合为一体，才能形成对学生体育素养的全面有效地评价。具体如下：

（1）体育基础知识：对体育与健康知识的理解与运用。体育运动中每个项目都有其自身的规律，运动时只有遵从其规律，才能有助于提高身体素质。

（2）身体素质和运动能力：体质健康状况；积极参与各种体育活动并基本形成自觉锻炼的习惯，形成终身体育的意识，能够编制可行的个人锻炼计划，具有一定的体育文化欣赏能力；运用体育知识进行科学的锻炼和自我评价，掌握发展身体素质的能力及运动感觉、知觉能力，运动技术的运用和运动参与程度；对外界环境的适应能力和对疾病的抵抗能力。

（3）运动技能：掌握健身运动的基本方法和技能；能科学地进行体育锻炼，提高自己的运动能力；掌握常见的运动创伤的处置方法。

（4）学习情感：学生对待学习与练习的态度，以及在学习和锻炼活动中的行为表现；学生在体育学习中的情绪、自信心和意志表现，对他人的理解与尊重，交往与合作精神；是否能通过体育活动改善心理状态、克服心理障碍，养成积极乐观的生活态度；是否能运用适宜的方法调节自己的情绪；在运动中体验运动的乐趣和成功的感觉，表现出良好的体育道德合作精神；正确处理竞争与合作的关系。

对学生体育学业评价既要评价最终体育学业成绩，又要评价学习过程和进步幅度，要与学生在体育学业评价学习过程中的自我评价、互相评价和体育学业、评价教师的评价相结合。需要说明的是体育学习的评价也是对评价对象的认识过程，对学生体育运动习惯养成的干预过程。

（二）学力的评价

学力是指获得行为的能力、才能或行为的倾向，即学生学习的能力。学力评价的目的是调查了解学生的体育学习能力状况及个别差异，为完成既定的体育教育、教学目标提供有用的信息资料，为培养学生体育能力服务。

（三）品德评价与个性评价

思想品德：热爱中国共产党、热爱社会主义祖国，培养美感和文明行为，逐渐养成遵守纪律、尊重他人、团结友爱、互相帮助等集体意识和良好作风。

个性发展：培养勇敢、朝气蓬勃和进取向上的精神，注重能力的培养，启迪思维，培养学生的主动性和创造性。尽管出勤和表现不能反映学生的体质和运动能力，但它却是反映学生思想品德、组织纪律、心理状态的重要依据。作为体育教学评价的内容，需要从多个侧面，采用多种方法对学生的品德和个性进行全面的测验与评价。而体育教学中的品德和个性评价则着重于体育教学内容的科学性、思想性以及对学生思想品德和创造性发展与变化的影响测定与评价。

第七节 体育教学评价组织、实施与发展趋势

一、体育教学评价组织

体育教学评价组织是指为完成体育教学任务、实现评价目的，选拔一定数量的评价人员，组成结构合理、权责分明、精干有效的评价机构。

评价人员是评价活动的具体实施者，体育教学评价的质量在很大程度上取决于评价人员的工作质量。因此，评价人员的选择应慎重。评价人员应具有与体育教学评价内容有关的知识水平和专业背景；应具备正直、公平、原则性强、仔细认真、尊重他人等优良品质；还应具备扎实的评价理论基础知识和丰富的评价工作经验，对体育教学工作的方方面面都有所了解，具有宽广的知识面，这样才能避免固执己见和认识片面，从而减少工作中的偏差。

评价机构是协调评价者、评价对象及各种评价活动之间关系的组织。体育教学评价组织根据具体情况，可有不同的性质和规模。在实践中，主要有常设性机构、临时性机构和弹性机构几种形式。常设性机构具有权威性、连续性和稳定性，一般负责全部评价工作的组织领导，包括评价方案的审定、评价人员的培训、监督下级的评价工作、向上级汇报评价工作的情况和提供决策的理论依据等；临时性的评价机构是根据具体情况的需要而迅速召集有关专业技术人员组建而成的，任务完成以后，此评价机构就解散，因此，它具有灵活性和非连续性的特点；弹性评价机构的核心成员是常设的，其他一般成员则可根据任务和对象的不同，聘请有关部门的代表，可随时调整、变动，它既有权威性，又比较灵活机动。

二、体育教学评价的实施

进行体育教学评价一般按以下五个步骤实施。

（一）确定体育教学评价的目的

任何一项体育教学评价活动，都是在一定的目的指导下进行的。解决为什么要进行评价的问题，是进行体育教学评价的首要环节。评价的具体目的不同，评价的组织形式、内容和方法也就不同。例如：以评选优质体育课为目的，就需要采用终结性评价，强调评价的鉴定性、区分性、甄别性，对体育教师的师德修养、体育专业知识水平、体育教学理论与实践、体育教学效果等方面进行全面的评价，因而就要运用多种评价方法，如听课、与体育教师交谈、向学生发问卷等，强调的是评价的诊断性和改进性。

（二）成立评价小组或评价机构

体育教学评价小组或机构要根据具体情况，确定组成的性质和规模以及人员。这一机构可以是临时性的，也可具有长期的连续性和稳定性，但是，无论成立什么样的机构都必须具有权威性。一般由专家和分管领导组成。体育教学评价小组负责全部评价工作的组织领导。

（三）制定体育教学评价的标准和指标体系

确定了体育教学评价的目的后就应解决评价什么的问题了，即分析体育教学评价的目标，并使之具体化。评价者要认真研究评价指标，尽量通过试评获得实例或典型，以统一尺度，制定合理的体育教学评价标准和指标体系。首先应确定一级指标，然后将一级指标分解成二级指标，再将二级指标分解成三级指标，使每个上级指标都包括一个下级指标群，每一个下级指标都是其上级指标的具体化，从而构成合理的体育教学评价指标体系。

（四）收集体育教学评价的信息

收集信息是评价实施阶段的重要环节。获取信息的质量（可靠性和有效性）取决于收集信息的方法和过程。收集信息的方法有以下几种。

1. 观察法

观察法是评价者根据评价对象的特点和指标内涵的要求，有目的、有计划地直接进行自然状态下（自然观察法）或控制条件下（试验观察法）的观察并获取评价信息资料的方法。观察法主要是听和看，可充分利用录像机、照相机等仪器作为辅助工具。观察法适用面广，收集资料的机会较多，目前主要运用于了解评价对象的行为表现、情感改变和意志特点。如通过听课，可以收集体育教师课堂教学的资料，了解学生上课的活动情况，也可在一定程度上了解体育教师的备课情况。

2. 访谈法

访谈法是评价者按照访谈提纲，通过与评价对象面对面谈话或是小组座谈会的方式直接搜集信息的一种方法。访谈法适用于了解评价对象的心理状态，它不受文字能力的限制。访谈时，可以把人群进行分类，根据评价对象的心理适应状况，可以较深入地了解到深层次的问题。

3. 问卷法

问卷法是通过对评价对象进行书面调查而获取评价信息的方法，主要适用于对范围广的各种问题进行大面积调查。调查者可以直接实施，也可以通过通信方式给调查对象。采用问卷法可在短时期内获取大量的信息，但编制科学合理的问卷和统计结果是一项技术性强、要求高的工作。

4. 文献资料法

文献资料法是指通过查阅与评价对象有关的文字记载的材料收集评价资料的方法。文献内容包括各种文字与数字资料，如体育教学计划与总结、体育教学进度、体育教案、学生考试问卷等。查阅文献时应根据评价内容查阅相关文献，可以几种文献相互印证，也可与其他收集信息的方法结合使用。

5. 测验法

测验法是根据评价内容编制一定的等级量表和标准的试题用以收集评价信息的方法。它主要用于易量化的评价对象和形成性评价。如用于收集教师教学效果、学生掌握知识与技能情况、学生各项能力发展状况、学生心理发展状况、学生人格特征状况等信息。

（五）判断体育教学评价的结果

收集到有关评价对象的资料后就应对其进行加工、处理，对评价的结果做出判断。评价资料是进行判断的依据，对资料的加工则是判断的基础，只有依靠对评价资料的加工和处理，才能做出正确、科学的判断。做出评价结论并不是评价的唯一目的，评价是为激励评价对象能更有效地提高体育教学质量，因此评价结论除综合判断之外，还应指出评价对象的优点和存在的问题，分析原因并提供改进办法和措施。对评价结果的处理主要包括以下几个方面：

（1）反馈评价结论、意见或建议。反馈评价结果时应由实施评价的全体人员与评价对象面对面地进行，以利于双方充分交流。评价结束后，评价人员应对评价对象进行定期回访，以利于改进措施的落实。

（2）对评价活动本身的质量进行评价。为总结评价的经验教训、修改评价方案提供依据。

（3）撰写评价报告。评价报告是对本次评价过程与评价结果的总结。评价报告应包括：评价目的、评价组织、机构及评价人员构成；制定评价方案的指导思想及主要依据；评价实施过程，包括评价时间安排、评价准备阶段的工作与效果、实施阶段信息搜集的情况；评价结果，要分述各项指标的评价结果，再写综合性结论；评价对象对评价的意见；

本次体育教学评价的总结。向有关部门与人员反馈评价的结果,建立评价档案,把评价资料分类归档。

(4) 在实施评价的过程中,如果发现方案有缺陷,必须加以修正。在评价工作中,最主要的问题是尽量减少评价活动本身的误差。因为再完善的方案也无法全部规划体育教学评价的行为。控制误差应注意:一要减少评价人员的随意行为,尽量做到规范化,这一点要依据有关的制度和评价集体的力量来保证,评价人员之间要有相互制约的机制,要对众人的意见作综合处理;二要尽可能提高测评工具的信度和效度;三要多渠道、多侧面地收集评价资料,确保资料的代表性、真实性;四是控制评价对象可以控制的要素,使之真实、全面地反映情况。

三、当前我国体育教学评价的发展趋势

(一) 评价主体互动化

现代体育教学评价强调将完整的有血有肉有感情有个性的人当作自己的评价对象,并通过评价努力促使受教育者个性的充分发展,注重质的分析,将所有对学生个性发展有意义的东西作为评价的对象,它包括知识、能力、创造力、兴趣、爱好、情感、态度、意志、品格等多个方面;强调评价过程的开放、透明、互动和评价主体间的双向选择、沟通和协商,共同关注评价结果,学生自评、互评,师生之间的自评、互评都能够使学生明确自己的优点和不足。这样就更能体现激励性和发展性,体现对人的尊重。

(二) 从终结性评价走向过程性与终结性相结合的评价

体育教学评价将从单一的终结性评价向过程性评价与终结性评价相结合的方向发展,强调过程性评价。体育教学是一个动态发展的过程,期间会出现许多问题,若不及时发现和解决,必然会影响体育教学质量。评价过程动态化是在评价体系的建构中,期待学生的发展目标分层、分级、滚动发展,逐步提高,追求卓越。所以评价体系不仅要关注结果,更应注视学生的成长发展过程,终结性评价和形成性评价有机地结合起来,多元、多级、多次评价,给学生转变的时空,促进学生的发展,将激励评价贯穿于日常教育教学行为中,使评价的实施日常化、通俗化。评价过程动态化,让学生前进有动力、有目标、有成功、有追求。

(三) 注重个体评价

体育教学评价注重个体评价,淡化一般标准评价,即强调个人的进步度来评价学生体育学习,而不是传统的标准。学生个体素质千差万别,兴趣爱好各不相同,个体发展扬长避短,个体评价促优补弱,追求个体和谐。如,对性格内向的学生在评语上可加上:如果你的性格再开朗些,更主动积极地参与体育教学活动、社会活动,你会更加优秀;相反对性格开朗,善于交际,但基础不太扎实的学生应在评语中提醒:如果你在基础方面稍加注

意,你会更加出类拔萃,达到促进和谐发展的目的。

(四)评价内容多元化

评价内容向多元评价发展,包括认知、技术、技能和情感(或社会性)三个方面,而不是单一的技术技能达标考评或健康测验。注意学生综合素质的评价,不仅关注学业成绩,而且关注学生创新精神和实践能力,以及对良好的心理素质的培养,积极成功的体验等方面的发展,特别是特长生的个性发展。发挥多元评价模块的作用,使学科成绩相对差一点而有一定特长或潜能的学生,找到自己的成功起点,彻底改变特长生等于差生的错误观念,促进学生和谐发展。这是落实和谐发展、个性张扬办学理念在学生评价体系上的突破。

(五)评价方法上仍然是定量与定性相结合

在评价方法上要始终坚持定量与定性相结合的原则,过分追求其中一种评价方法,终将使评价结果失去意义,影响人的发展。

为了实现"改变课程过于注重知识传授的倾向,强调形成积极主动的学习态度,使获得知识与技能的过程成为学会学习和形成正确价值观的过程"这一目标,我们必须树立正确的学生评价观,提倡评价目标、评价方法、评价主体的多样化,只有这样,才能够保证受教育者得以全面、主动地发展。定性评价和定量评价的有机结合将成为体育教学评价发展的一大特征。定量评价的缺点是不能全面反映体育教学的人文和社会目标的达成情况,定性评价的不足则是不能科学客观地反映体育教学状况,两者的有机结合是体育教学评价发展的客观要求。

(六)考核评价体系多维化、多元化、综合化

考核评价体系应该是由锻炼习惯评价,日常体育行为评价,体育技术、技能评价,基础知识评价与体质状况评价构成。

建立过程与终结评价结合;体育教师与学生评价结合;学生自评与互评结合;体育技术与运动技能评价结合;以学生个体发展为主的纵向评价与横向对比结合;体质状况与心理素质水平结合的多维的评价体系,并同时建立学生"体育与健康"情况档案,录入学籍登记表,为跟踪目标达成结果提供可靠资料,力求让每个学生通过体育课程学习,学有所得,健康发展。

多元化是体育教学评价理论与实践发展的总趋势,这种多元化包括体育教学评价思想的多元化、体育教学评价方法的多元化和体育教学评价主体的多元化。任何一种体育教学评价理论都是在一定的社会历史条件下诞生并发展的,人们不可能找到一个永恒不变的体育教学评价标准和方法,因而它具有历史性;任何一种体育教学评价理论都是为教育发展服务的,因此它又具有社会性。目前有些专家学者正努力探索教学评价理论的科学化问题,体育教学评价同样存在科学化问题。尽管科学化是一个漫长的历史过程,但只要体育不断地发展,那么体育教学评价的科学化问题就将一直存在下去。

第五章 小学体育教学研究

第一节 小学体育教学研究概述

一、体育教学研究的概念

体育教学研究是为完善体育教学理论和提高体育教学的质量,以体育教学实践问题为主要研究对象,运用科学研究和教学研究的方法与手段,揭示体育教学现象背后的本质并探索体育教学规律所进行的探究工作。

上述体育教学研究的概念中包含以下四个基本的含义:

(1) 体育教学研究的目的是为"完善体育教学理论和提高体育教学的质量"两个方面。

(2) 体育教学研究主要对象是"体育教学实践问题",而不是理论问题。

(3) 体育教学研究所运用研究方法和手段有科学研究方法和教学研究方法两种。

(4) 体育教学研究的研究内容是"揭示体育教学现象背后的本质和探索体育教学中的规律"。

二、小学体育教学研究的条件

(一) 小学体育教学研究的先决条件

任何教育的最终目的都是"育人",但是在不同的社会或时代中育人的目标却是大相径庭的。目前我国实施的是素质教育,这是一切教育的出发点,也是一切教育研究的先决条件。具体说来就是:以学生的发展为本、以培养创造精神和实践能力为核心,培养适应21世纪需要的国际化人才。所以,从事体育教学研究也必须从我国教育最根本的目标去认识、理解、思考学校体育教育,形成现代体育教育观,然后,再去研究体育教学或体育教学改革。倘若偏离了这一最根本的先决条件,那么任何努力都会因方向性的错误而毫无价值,当然也难以获得成功。

(二) 小学体育教学研究的客观条件

1. 小学体育教学中的问题

教学研究总是针对教学中存在的各种具体问题,但在循规蹈矩教学中往往意识不到问题的存在。因此,体育教学研究首要的客观条件就是体育教学中确实存在着实际问题,研究者不但发现了问题,而且已产生了一个或数个初步教学改革的假设或方案(即实验因子),这项教学研究才有了起始点。

从理论上说,教育是一个由多因素构成的复杂系统,而且是随着社会的发展而不断地运动、发展、变化和完善的过程,所以,教育永远不可能完美无缺。也就是说,在体育教育、教学中永远存在着值得我们探讨和研究的问题,关键在于我们的发现。

2. 国内外的研究状况

搞一项教学研究确实不易,若计划进行的研究项目已取得了成果,即问题已得到求解答案,就可以直接借鉴、引用,而不必再投入大量的人力物力进行重复劳动。当然,在通过查阅文献资料了解国内外对该问题的研究状况的基础上,可以从新的角度和视野,确定研究的范围、意义和价值。

只有充分掌握并研究了前人的各种观点之后提出的看法,才可能具有突破性的价值。有的课题研究专设"先行研究"或做研究综述报告,专门讨论前人对此问题曾经做过的研究,执什么观点,有何优点和不足等,这是保证选题确有重要意义和重大价值不可或缺的。

3. 教学实验的物质条件

搞一项教学改革实验需要有一定的物质条件,比如必要的研究经费、相应的体育教学设施和研究设备,以及一定的研究时间(有的研究项目需要相当长的周期),还需要配备一定的专门研究人员,得到有关领导、教师和学生的参与及支持等。当然,教学改革实验的性质是不同的,规模有大有小,对物质条件的要求也就会有很大的不同。

(三)小学体育教学研究的主观条件

1. 心理素质

(1)立志。体育教育、教学中存在的问题需要有志于从事体育教育事业的人们去研究、去解决。但是,做体育教育研究工作需要有雄厚的理论基础,长期的教学实践经验,严谨的治学态度和顽强的毅力,这是十分艰苦的,得不到多少报酬之外还可能得不到很多的理解,因此需要有敢于奉献的精神。教学研究能力是现代体育教师的基本素质,也是教师自我提高、可持续发展的重要手段。有些教师发现不了问题的存在,这是认识水平问题;有的教师发现了问题却不愿意花精力去研究,或没有兴趣去研究,这就是人的志向问题了。

(2)发现和探究。体育教学研究是对于体育教学规律的发现、探索和研究。这就要求体育教学研究者具备发现意识和探究意识。"发现"是一切创造之始,在教学研究中就是要做有心人,能在平时的教学实践中发现值得改进和研究的课题,正如爱因斯坦所说:"提出一个问题往往比解决一个问题更重要。"所谓探究意识是一种敢于怀疑前人结论、敢于大胆地提出假设的勇气,而且还要有脚踏实地、实事求是、严肃认真的研究态度。

(3) 毅力。有些小型的体育教学研究只需要几节课就能见结果，但往往只解决一些技术性的小问题；而对于那些带有普遍性的或关键性的问题，那些具有重大价值的课题，大多需要有较长的研究周期，其中又包括了理论的学习和研究、大量的调查研究、教学实验、各种材料的收集、数据的统计和分析等一系列工作，而且，其中不但会有来自方方面面的不利因素干扰和意想不到的困难，还会遭遇失败、返工等挫折，因此必须有顽强的毅力，百折不挠、坚韧不拔、不达目的誓不罢休的精神。

2. 理论素养

现代体育教学研究不只是总结体育教学方法、教学经验的问题，更重要的是要以现代体育教育观念来指导研究工作，需要系统地学习教育科学、现代体育学、心理学等理论，甚至了解更高层次、更广泛的理论，如教育科学、社会学、人才学、创造学、现代方法论等。站在育人的高度来研究学校体育教育、体育教学，才能从思想观念上跟上社会发展的步伐，这样的体育教学研究才有先进的意义。

与此同时，又需要学习许多具体的知识和技能，比如现代体育理论和多种新兴运动的知识与技能，计算机知识和应用性软件的操作技能等。这些内容一方面本身就是现代体育教学中增添的新内容，需要体育教师学习和掌握；另一方面，这些领域的迅速发展又正在冲击和改变着体育教学的形式、手段和方法，改变着学生们的思维方式和生活方式。若体育教学研究者还不具备这些知识和技能，其研究也会是落伍的。

3. 教学实践

教学实践具有两层意义：一是体育教学研究不能脱离体育教学实践；二是即使身处教学第一线的体育教师，要搞体育教学研究也必须善于积累、总结实践经验。

体育教学改革实验或体育教学研究的目的是解决教学实践中的具体问题，或探讨体育教学方面的理论问题，其特点是具有很强的针对性、实践性和可推广性。若脱离了体育教学实践来研究体育教学的课题，必然会出现纸上谈兵、隔靴搔痒，不能触及教学根本的弊端，甚至会出现主观的、想当然的结论而毫无实用的价值。一些不在教学一线的研究者必须通过听课、评课、与教师一起备课，甚至自己亲自去上课等途径，感受体育教学实际。

作为身处基层的体育教师，虽有大量的实践体会和经验，但也必须乐于教学，勤于发现，敢于探索，善于思考，并学会收集和积累教学资料，总结教学经验，才能进行体育教学研究，其中包括教学计划、自己的教案、教学实例、学生成绩单、学生体质检测报告单、学生成长记录袋等，这都是体育教学研究非常生动而有说服力的研究资料。

4. 科研道德

体育教学研究是一项复杂的科学研究工作，因此，无论在做体育教学改革实验或在撰写论文过程中，都需要参考他人的研究成果，或者得到其他人的帮助。若在研究过程中参考、引用了他人的著作、文章或观点，一定要在文章中注明出处，或在文章后列出参考书目；若曾与其他人员进行合作实验、得到过他人的直接指导、接受过他人提供的研究资料等，都需要在实验报告或论文后给予充分的肯定和表示感谢。这是科学研究者应有的道德修养。

第二节 小学体育教学研究的方式、类型与步骤

一、小学体育教学研究的方式

教师要从事教学研究，有多种方式可供选择：

（1）像专业研究者那样，确定一个自己感兴趣的课题，在了解已有研究成果的基础上，确定研究的大致步骤、需要收集的数据、获得数据的途径等，必要数据收集齐备后，运用一定的统计、分析技术，得出研究结论。

（2）就某个实践中的问题，学习已有的教学研究成果，按照研究成果的建议改进教学实践，结合所教班级的实际情况，对这一研究成果作必要的修正或补充。

（3）与自己的同事（或学生）合作，请同事（或学生）针对某个问题观察、记录自己的课堂教学情况，发现症结所在，通过相互讨论、尝试，逐步解决问题，等等。

这些方式，只要运用得当，都会取得较好的效果。不过，这些基本上由教师自己进行的教学研究，有明显的不足之处：

一是虽然教师从事教学研究的主要目标未必是形成系统的理论，但这些研究必须遵循一定的研究规范，一般教师在这方面所受的训练比较少，要形成较强的研究意识、掌握必要的研究技术，需要相当一段时间的学习和适应，加之教师大都有较多的教学任务，若由教师单独进行教学研究在时间有些紧张。

二是大部分教师没有系统地学习和研究过教育理论，对教育理论的发展和现状了解不够深入，这使教师很难把某个具体问题置于教育理论的大背景中予以考虑，从而限制了教师的研究视野，严重的甚至会使教师在研究时不能保持应有的公正和开放心态。

三是一般教师对理论的语言不甚熟悉，对某些术语甚至会有曲解。大多数教师在分析问题和表述自己的研究成果时，很难把这些问题或成果概念化，这就为教师深入分析问题、准确表达自己的观点和结论造成了困难，从而既妨碍了研究进程的深入，也妨碍了研究结果的交流。

要弥补这些不足，比较理想的办法是教师与专业研究者联合起来，至少是教师之间联合起来，共同进行教学研究。

二、小学体育教师教学研究的类型

（一）移植研究

"移植"本来是一个生物学上的词汇，在这里借用这个词，用来指把别人的经验运用到自己的教学实践中，或借用别人的理论（概念）分析、理解和改进自己的教学实践的过程。经验移植和概念移植事实上是教师专业行为中常见的活动，也常常被看做是教师专业发展的重要途径之一。不过，把移植作为一种研究活动，似乎还不多见，之所以如此，很大程度上可能要归根于教育界长期存在着的一种倾向：尽管连专业教育研究者也很少能够以自然科学的研究规范进行教育研究，但教育界人士似乎有一种强烈的冲动，要把教育研究也变成自然科学研究（如实验）那样的"研究"。若以这种研究观来衡量，把教师们事实上经常从事的经验移植与概念移植也当作一种"研究"是不可思议的。因此，我们所从事的教学研究主要定位还是一种"实践探究"，而不是"科学研究"。教学研究的这一特征不排除这种可能：只要加以规范，经验移植和概念移植都可以成为教师易于操作的研究形式。

1. 经验移植

对一般教学实践者来说，研究的初始对象可以是具体而鲜活地存在于身边的他人经验。教师从事教学，就其前提条件而言，除了具备坚实的专业理论和有关教育教学的基础理论之类的知识外，还应具备丰富的教学经验这样的实践性知识。相对于长期摸索、积累而形成经验，以听课为重要形式的经验移植显得更为便捷。经验移植概念下的听课作为一种研究行为，在方法上应该注意：

（1）充分准确。事实上，欲使听课有较大的收益，课前必须充分备课，除了熟悉听课对象——教学的基本内容外，最好能自己设计一个教学方案，进而确立听课的研究课题；或者以自己在教学中发现的问题作为课题，有所选择的确定听课对象。这样，课题使听课有了明晰的指向，方案又使研究有了对比的参照，就为分析优劣得失、移植他人经验打下了良好的基础。不经充分准备而去听课，或随意、盲目的听课，都会大大降低研究的成效。

（2）实录评点。听课过程中应尽可能完整地记录教学的主要环节，包括教师、学生的活动，教学所使用的媒体，各个环节的教学时间等。这里特别要强调的是，作为研究者，听课的过程实际就是研究的过程，星星点点的思维火花会不时闪现，而这里往往蕴含着许多富有价值的"长期思考、偶尔得之"的灵感思维成果；在时过境迁之后，又难以捕捉、再现。因此，在评点一栏内及时记录就尤为重要，这样会给课后的深入思考、研究以极大的便利。另外，教师的教学机智、艺术，常常体现于令人叹服的教学细节处理技巧中，可能是一个巧妙的设问，也可能是点石成金的解答，把这些妙处实录下来揣摩实在是经验移植的有效途径。那种只有大的框架、环节的听课笔记,只能反映一节课轮廓的静态,教者的风格与特色不能充分体现,应说是明显的缺憾。

(3) 对比研究。对比是听课研究中最有效的方法,这里所说的对比主要是指选择多节相同教学内容的课来研究分析。通过比较,易于把握不同授课者的风格特色,也易于辨出不同教法的高下优劣,更能体会到优秀教学设计的意图所在,也更能寻找到适合自己的经验知识。

(4) 及时讨论。讨论是指听课后与授课者及同是听课者的交流研讨,这是研究必不可缺的一个环节。相比之下,与授课者的交流显得更为重要,可以获取有关教学设计的意图,从而为比照教学实际进一步分析提供依据。还应注意,这种交流最好是下课之后立即进行,因为对教学过程中许多具体问题的探讨,需要借助于双方清晰的记忆。

(5) 积累资料。作为研究者,教师应该养成良好的习惯:在听课研讨结束后撰写"评价语",将自己听课中最重要的收获、看法梳理出来;同时,注意积累有关资料。

经验移植,除了教学现场听课以外,观摩授课的音像制品、阅读"教案选编"或"教学实录"等也是基本的方法。但是,无论采用何种方法,都必须将经验研究与教学实践密切结合起来,在脚踏实地研究的同时又切实迅捷地提高自身的教学技能。

2. 概念移植

这里所说的概念是指已经形成理论体系(结构框架)的教学程序,如暗示教学法、情景教学法、小群体教学法、张思中外语教学法、顾泠沅语文教学法等,它们都是成功经验的抽象和概括,与经验的最突出区别是具有物化的理论形态。因而概念移植主要是研究把握体现这一程序的理论,自觉运用它来指导自身的教学实践,并在实践中不断总结"概念自我化"的经验。较之于经验移植,由于概念本身具有较系统的理论性,移植的过程实际上就成为理论与自我经验不断整合的过程。在此,教师更多地以理性的目光审视以往的教学,并在不断的反思中具备了自我评价能力,因而教学的风格也就日益显现出来。

(二) 教历研究

提起教案来,恐怕没有一个教师不熟悉,也没有一个教师没接触过。教案有什么作用?大多数教师大概会马上想到:教案是教师为课堂教学所准备的书面计划。既然是为教学所作的准备,教学之后教案似乎就没有什么用了,至多在下次讲到这部分内容或相关内容时,拿来作参考。再有,一般教案的最后一部分,都有"备注"或"教后记"一栏,这一部分可以写些什么,又有什么作用呢?大部分教师在这一栏中都不写或很粗略地写上几句话,似乎这一部分内容无关紧要。

为教师思想轨迹的记录,是教师认识自己、认识自己教学实践的重要资料;而"备注"或"教后记",如果能够记录教师在实际课堂教学中对原有计划的变更、遇到的突发事件及处理情况、自己通过施教所获体悟等内容,则又成为教师总结与积累经验、发现问题的凭依。当然，如果从记录教师教学过程，并以之为资料对教师自己及其实践进行研究的角度来看，原有的教案所包含的内容还不够。为此，建议教师建立自己的"教历"，并以之为基础进行教学研究的设想。

"教历"是受"病历"的启发提出的。病历是医生根据问诊（病人的陈述）、体格检查、实验室检查、其他仪器检查的资料，经归纳整理，按一定规范形式写成的常规记录。完整病历的内容包括医嘱单、正规住院病历、入院记录、病程记录、会诊记录、手术记录、实验室检查报告单等，因其完整记录了对病人诊疗、观察的全部过程，所以既对医疗、科研具有重要作用，又是检查医疗质量、总结经验教训的重要依据。教学与医学当然是有区别的，不过，病历的运用可以给教学研究一个很有价值的启发，那就是：既往行为和表现的记录，是一种经验积累的过程，可以为当前或以后的行为改进提供重要的参考；也正是在这个意义上，我们倡导教师开展教历研究。

教历作为一个整体，包括一位教师在其整个专业生涯中的教学情况记录。一份完整的教历包括如下几项内容。

1. 一般项目

包括：教师姓名、记录时间、科目与专题、任教班级、学生人数、记录所包含的时间跨度（一节课、一个教学单元、一个月、一学期）等。

2. 课前计划

主要是教案的内容，包括：目标、材料与设备、内容与方法等。

3. 过程描述（课堂教学情况）

这一部分内容是教案所没有的，教案只强调计划，不太重视实际教学情况的描述。教历中的过程描述主要包括四部分内容：

（1）过程实录。由其他教师或研究人员记录的课堂教学情况过程、录音、录像等。

（2）时间分配记录。各个教学环节实际所用时间。

（3）调整记录。教师根据教学进展情况，临时改变计划，对教学内容、教学方法、教学步骤等所作的调整及其原因。

（4）课堂管理与辅助教学行为记录。课堂管理（课堂规划的制定与执行、问题行为管理等）与辅助教学行为（动机的激发、师生交流、强化、教师期望的表达等）对教学效果影响很大，但这些行为往往很难在准备时作出确切的计划，采取什么措施很大程度上取决于课堂教学的情境。一般教师往往把注意力集中于教学内容，对课堂管理与辅助教学行为不太重视，教学之后也不大注意这方面行为的记录与思考（听课教师也较少记录这些内容），资料的缺乏使教师很难认识到自己在课堂管理、辅助教学行为方面的实际情况，更不利于教师在这方面的提高。

4. 课后反思

教师在教学之后，有必要通过某些途径获取来自他人的评价性信息，或通过自己的反思，把已经完成的教学过程当作对象，作些初步的分析。评价信息的来源可以通过与其他教师的讨论，向学生或其他相关人士咨询。教师自己的反思可以包括：教师自己在教学中意识到了什么不足，从实践中悟到了什么道理，这些切身体验能不能与更为广泛的教学理论联系起来，最近一段时间教师对哪个问题特别关注，在教学过程中对这个问题有什么新的体会等。

需要说明的是，教历中有关教学过程的记载，可以有详式、略式两种不同的方法。详式可以借助现代音像手段录制，然后整理成实录；可以约请听课教师详细记录；也可以通过回忆来整理。虽然详式比较费时费力，但由于客观、完整地反映了教学过程，具有较高的研究价值，因此，每学期都应力争写出若干个。略式教历比较便捷，应主要记录实际教学过程与教案设计的差异，教学中的灵感、机智应重点记录。

三、小学体育教学研究的步骤

（一）选择问题

当我们对体育教学的任何一方面感到怀疑、困惑时，便可从中找出可供研究的对象。选定一个研究问题是研究过程中最难的一个步骤。不仅要发现和确定一个问题的范围，而且还要在那个范围中选定所要研究的专门问题。

问题有大、小、新、旧之分。一般基层教师的选题不宜过大，如"大而旧"的问题："论体育教育中的美育功能""论素质教育中的学校体育教育"等，题目既老又大，涉及面又广，若无全新的观点，则会既不易深入也无新意；有的是"大而新"的问题："论体育教育与情商的发展""论国际互联网与现代体育教育"等，问题的范围很大，又包含许多新的知识和错综复杂问题，需要有很高的视点、很丰富的背景知识，若一般教师去写，文章往往流于"肤浅""空洞"，也没有什么实际价值。

基层教师的优势是有大量的第一手资料和切身的实践经验，又接受了新的观念和新的理论，年轻教师没有包袱和条条框框，目光敏锐，思维活跃，善于发现一些有价值的"小而新"的问题。所以，研究课题最好是选自己教学中最有体会、感受的问题，或自己较有兴趣的问题，或一些肯定有价值的问题等，如："关于体育教学多媒体课件开发的研究"等。认认真真地去研究，分析得深入、细致、透明一些，才会具有实实在在的参考价值。更主要的是通过研究学会研究问题，学会写论文。

另外，同样一个问题若从不同的角度去研究会产生截然不同的结果，比如，同样是"谈小学体育课中理性思考的引导"，可以以分析各种各样体育课不同的思维侧重点为主，也可以从不同年龄的思维特点去分析，还可以着重于教师教学设计方面（教学引导）来谈等。有了论文选题后，还需要从宏观背景和更大的范围加以思考，选定一个对这些问题最佳的论述角度，才能产生高屋建瓴的结论。

（二）提出假设

假设（Hypothesis）是有关两个或更多个现象或变量间的关系的尝试性的答案。即研究者要在问题所确定的概念之间，推测或假设它们之间的关系。这要求研究者充分发挥想象力和推理能力，敢于提出自己的新观点，甚至还要敢于修正前人或别人已作出的结论。假设应具有如下特征：

（1）设想出两个或更多变量之间的关系。

（2）用陈述句的形式明确地说明。

（3）假设应当是可以检验的。

研究方案是在既定的条件下，检验假设的操作细目。不论研究什么问题，研究者都应设计研究方案，以便按照操作过程的详细规划对假设进行检验。

（三）研究设计

研究设计主要包括以下内容：

1. 观察指标的设计

（1）指标的类型。

（2）指标的选定。

（3）寻找指标的途径与方法。

2. 专业技术设计

（1）测试和记录工具。

（2）实验操作技术的创立和选择。

3. 统计学设计

（1）保证样本代表性的方法。

（2）保证样本组间可比性的方法。

（3）保证结果精确性的方法。

（4）组织工作形式与计划的设计。

4. 寻找证据

（1）搜集文献与数据资料。文字资料：①书籍杂志中的有用资料。即及时做好笔记、卡片或录入计算机。笔记要记下出处：［国籍］著作者，书名，出版者，出版年，页码，便于引用时注明，也便于需要时查对。②有关政策性文件，如《体育与健康》课程标准等。③教学资料，历年的教学计划、教案、教学进度表、课程表、学生成绩单、学生有关的操作表现、各种调查表、问卷、交谈笔记等。尤其是教师的教案，是教师研究教学法最初步的成果，也是教师最重要的教学资本。并且要不断总结，持之以恒，许多论文、成功的教学法，甚至一些学术专著，往往产生于教师的教案、讲义。

图像资料：①有体育运动技术动作挂图、电视录像甚至网络中的有关典型图例，可用来教学或比较研究。②现场图像资料，主要有教学或动作照片、录像等资料，是定性定量分析的依据。

数据资料：文献资料中的各种数据，是定量分析的主要依据。

（2）运用调查观察和实验等方法去获取研究对象的第一手资料。

（四）整理与分析资料

1. 整理资料

（1）对各种搜集到的资料与事实进行编辑分类。

（2）剔除异常数据。

（3）将定量资料绘制成图表。

2. 分析资料

（1）运用数理统计方法或其他数学方法对所搜集到的资料进行分析，得出数理统计的结论，将资料通过数学抽象转化为科学概念。

（2）运用逻辑的方法及逻辑论证的方法结合专业理论，对研究中的现象和变化规律作出解释和说明。

3. 假设验证

通过资料与事实的整理与分析，就可以得到科学研究的成果——科学假设或科学理论。

（1）如果研究任务是验证一个假设，通过观察或实验之后，如果发现事实与假设相符，那么假设可以上升为假说。

（2）如果研究的任务是验证一个假说，通过观察或实验之后，如果发现事实与假设相符，那么，假说就可以上升为理论。

假说和理论都要经过验证，以确定其真实性、可靠性和有效性。

4. 得出结论

得出结论就是研究的最终结果。研究结论可以是（假说、理论）观点、看法，也可以是原则、原理、法则、方法或模式等，它们以研究报告甚至论文、专著等形式表现出来，为了体现其价值，我们通常以学术交流、学术报告、发表等形式进行推介。

第三节　小学体育教学研究方法

一、问卷调查法

问卷调查法，也称问卷法。它是研究者根据研究目的，按一定要求设计出若干问题，然后向被调查者了解情况或征询意见的方法。问卷调查的一般程序是：设计调查问卷，选择调查对象，分发问卷，回收问卷和审查问卷。设计调查问卷是问卷调查的重要环节。

问卷是以一定的理论假设和研究架构为基础，确定问题的逻辑顺序及其联系，提出若干固定的调查问题，所以问卷设计的问题应具有一定的目的性和逻辑性，比较容易整理统计。

问卷调查一般都是间接的、书面的调查，即调查者一般不与被调查者直接见面，而由被调查者自己填答问卷，所以问卷调查较之访问调查省时、省力、成本低，有利于调查对象充分表达自己的想法，可以较为有效地控制研究变量，能简捷探明各因素或条件的相互关系和影响。但问卷调查也有缺点：一是问卷的回收率有时无法保证，如果回收率太少，就会影响到所取得的材料的代表性；二是问卷调查往往不适合文化程度较低的被调查对象；三是问卷设计要求较高，如要求问卷内容要简明、问题数量要适度等，以提高问卷的信度与效度。

（一）问卷的一般结构

问卷一般包括题目、指导语、问卷的具体内容和编号三个组成部分。题目是调查的主题，它与调查目的相一致，但其用语不能让调查者产生反感。指导语是对调查目的及有关事项的说明，它的主要作用是让调查者了解调查目的及意义，引起被调查者的重视和兴趣，争取他们的支持和合作。一般的说，指导语的内容包括：调查的目的和意义，对被调查者的希望和要求，问卷调查的匿名性和保密原则，回复问卷的时间和方式，以及调查的单位、组织或个人的身份和联系方式等。指导语的表达要简洁、准确，语气应谦虚、诚恳。问卷的具体内容包括问题的内容，问题的次序，回答的方式及文字表述等。编号指对所提问题次序的编号和便于数据处理而设计的编号。

（二）设计问卷问题的基本要求

（1）提出的问题必须符合客观实际情况。例如对没有实施新课标的学校了解有关新课标实施情况下的体育教学情况就脱离了客观实际情况。

（2）提出的问题必须围绕调查目的。如调查体育教学计划制定情况就不能选择有关学生学习情况的问题。

（3）提出的问题必须清楚而明确，避免有双重意义或模棱两可。如提出的问题中有"经常""最近"等词语就会让人感到概念不清；提出的问题是："你父母支持你参加体育活动吗？"就难以选择。

（4）提出的问题应与被调查者相关，并且必须是被调查者有能力、愿意回答的。

（5）避免否定性选项和诱导性提问。例如："你不同意每天都上体育课吗？"这里"不同意"应用"同意"取代。

（6）问卷的长度要适当。问卷应在15～30分钟时间内填写完毕为宜。

（7）问题的次序应便于顺利回答及事后的资料整理。一般的说，应该先易后难，由浅入深;先事实和行为方面的问题,后观念、情感和态度方面的问题;先一般性问题,后特殊性问题。特别是那些敏感性强的问题,应该安排在问卷的后面。

(三)问卷回答方式及其设计

问卷回答设计一般有两种,即开放型回答和封闭型回答。

1. 开放型回答

开放型回答是指对问题的回答不提供任何选择答案,而由被调查者自由填写。其优点是:灵活性大、适应性强,适合于回答各种类型的问题;被调查者回答问题时不受任何限制,有较多的自由回答或自我表达的机会,调查者可以获得较丰富的、超出预料的、具有启发性的材料。开放型回答主要用于预测和估计的探索性调查。

2. 封闭型回答

封闭型回答是将问题的可能答案列出,让被调查者进行选择的问卷回答方式。封闭型回答的优点是:回答容易,有利于问卷的回收;回答标准,有利于统计分析;有利于询问一些敏感问题。封闭型回答问卷的回答方法主要有:填空式、两项式、多项选择式、顺序填答式、等级填答式、矩阵式、表格式等。

为了发扬开放型回答和封闭型回答各自的优点,可以结合两种回答方式进行问卷设计。可由开放问卷作先导,摸清问题答案的类型,再设计完善封闭型问卷;也可在同一问卷中既设开放问题,又设封闭问题,以适应各种调查情况;还可以对同一不确定的问题,既列出封闭答案类型又安排开放回答的机会。如在列出答案后,再设"其他"与空栏,或追问:"为什么"。

二、教学观察法

观察法是对教学中的行为进行观察而收集研究资料的方法。当前在教学研究领域人们越来越多地运用观察法和"参与研究法"(研究者直接参加被试的学习活动以收集研究数据)来进行研究。

(一)教学观察法的特点

(1)主观针对性。教学观察法所观察的内容要具有高度的选择性,可以最大限度地排除无关刺激物的影响。

(2)客观真实性。教学观察在自然条件下进行,具有客观性和真实性。在教学观察时一般不能干扰观察对象的活动过程。

(3)集体合作性。观察稍微复杂一点的教学时,往往就需要多人的合作。因此观察往往用统一的图表,还要进行观察方法的培训,才能保证观察的质量。

现在的观察已经越来越多地借助于仪器设备,如利用照片、录像、录音机和计算机等,这都大大提高了教学观察的精确性和观察范围。

(二)观察法的类型

教学观察法可以按观察方式分为临场观察、实验观察、追踪观察。

(1) 临场观察是指观察者直接位于对象所处的现场,有人也称实地观察法。如在现场观察体育教师采用了哪些有效的教学手段,计算体育课的运动负荷大小等。

(2) 实验观察法是指将教学观察与实验相结合,及时观察和测量实验中的某些指标变化和性状特征,进而获得实验的有关结果材料的方法。研究人员为及时获得实验结果,准确描述实验过程,有时单凭肉眼观察与统计还不能准确描述事物,需要借助某些专门仪器工具对实验过程的变化进行精确的测量,从而得到有关观察对象的主要特征指标的精确数据。有时也称这种观察法为观察测量。如运动负荷大小引起生理指标变化的观察实验。

(3) 追踪观察法是研究者用较长的时间跟踪考察某一事物的发展变化过程,以获得对事物规律性认识的方法。这种追踪观察时间跨度大,涉及内容多,需要长期坚持才能实现。如观察某个大单元教学的过程要素变化就要用追踪观察法。

观察还可以按观察者是否直接参加所研究的活动,分成"参与观察"和"非参与观察",一般说来,参与观察比非参与观察效果好,因为观察者参与其中,既有自我体验又能与被观察人建立融洽的关系。

教学观察还可以按照对行为的不同取样方式,分成"事件取样观察"和"时间取样观察"。事件取样观察只对某种与研究目的直接有关的预先确定了的行为进行观察与记录。时间取样观察则是在一定时间间隔进行观察,对这一时间中发生的各种行为表现作较全面记录。时间取样可以随机进行,也可以在可能发生典型行为表现的时间进行。

(三)观察计划的制订

观察计划是对运用观察法的步骤、程序与要求事先做出系统周密的设计与安排,也称为观察研究方案。它是研究人员进行观察的依据,可保证观察工作顺利进行。观察计划的内容一般包括以下几方面。

1. 观察的目的与任务

观察的目的与任务是制订观察计划的基础。它对选择观察对象,确定观察指标和观察方法起着指导作用。

2. 选择观察对象

选择观察对象时首先要注意代表性,被观察的对象数量不宜过多。

3. 确定观察指标

确定观察指标是观察设计中的重要一环。一个被观察的事物对象从不同角度可以观察到不同的特征现象。因此,在选择观察指标时必须注意以下要求:

(1) 指标的有效性:是指所选指标能够满足完成观察任务的需要,体现事物的本质特征,如我们要选择心率变化作为观察运动负荷大小的指标,而不能选取学生完成动作质量的指标来反映运动负荷。

(2) 指标的客观性：是指所选指标应能反映客观事实。如身高、体重、心率等都是事实上的现象，它不受个人的主观因素的影响。

(3) 指标的代表性：是指所选指标具有典型性，数据量不多，却能代表主要的事实与现象。

①确定观测指标的标准与规格。观察指标有的是定性的，有的是定量的。定性指标要明确规定指标的内涵、规格、表现特征，要有操作性定义（标准）；定量指标要规定量化单位、精确度、正误度等。对获取各类指标的时间也应该统一。

②确定和设计观察的步骤、条件与方式。教学观察的步骤是指观察的运用程序、操作环节及各观察手段与时间的安排。如观察阶段的划分、各阶段观察时间、观察顺序是由近及远还是由远及近等。

观察条件是指施行观察的具体条件，主要指观测的时间与空间条件。在时间方面包括有：总观察时间、每次观察时间、各次观察间隔时间等；空间条件保证能清楚地观察并不干扰观察对象的正常活动，包括有：观察的位置、角度、距离和方向等。

确定观察的方式是指要确定是用肉眼直接观察还是借助仪器工具进行观察。

③确定观察材料的记录方法。记录观察材料的方法一般有评等法、记录频率法和连续记录法。

评等法：观察者对所观察的对象评定等级，如观察运动负荷的主观感受可以用"不疲劳""一般"和"疲劳"三个等级，观察者在预先印好的表格上按级画圈就可以了。

记录频率法：观察者将要观察的项目预先打印在纸上，凡出现了该现象，就在这个现象的记录处画一符号。如篮球教学比赛中观察投篮次数、投中次数、抢篮板次数、犯规次数等。

连续记录法：可以用笔记的方法，也可以运用录音机、摄像机等将要观察的过程完整地记录下来，观察结束后再分析处理。如观察学生动作的角度、速度等内容。

(四) 观察应注意的问题

(1) 观察应严格按照计划进行，如发现观察计划有不妥之处时，要在能完成观察任务的前提下，进行必要的调整。

(2) 灵活选定观察位置，以保证所观察的现象能全部、清楚地落入视野内，但不要影响观察对象的正常活动。

(3) 善于及时捕捉各个具有研究意义的现象。

(4) 要正确判别各现象的重要程度，重点观察与研究主题有密切关系的现象。

(5) 对较复杂的观察应进行集体配合，要恰当地进行分工。每个观察点有规定的观察中心，兼顾全面观察。各观察点（组）必须采用统一标准、统一的记录表格和记录符号。

（6）观察后应及时对观察材料进行整理，要全面审核观察记录，剔除可能有错误的材料，对漏记的数据可结合他人观察进行校补，如依据不足时则应坚决去掉。

三、测量法

测量法就是借助测量工具进行测量并获得数据的研究方法。

（一）测量的类型

体育教学研究中的测量包括物理量的测量（如身高、体重、速度、远度和高度等）、非物理量的测量（如知识、技能、心理状态及个性特征等），具体可分为以下几种测量：

（1）人体形态的测量：包括体格、身体成分、体型、姿势等。

（2）生理功能测量：包括心血管、呼吸、代谢等。

（3）运动素质测量：包括速度、力量、耐力、柔韧、灵敏等。

（4）基本活动能力测量：包括走、跑、跳、投、攀爬等。

（5）运动水平测量：包括运动技能水平、战术水平。

（6）运动状态测量：包括运动状态、运动负荷等。

（7）社会测量：包括人际交往、人际关系等。

（8）心理测试：包括行为、心理过程、智力、兴趣、意志、情感、性格等。

（二）测量的效度与信度

测量的准确性和可靠性是保证测量质量的两个基本要素。

1. 测量的效度

测量的效度指测量的有效性。即测量到的一定是所要测定的属性和特征。如果对运动技能掌握程度的测量测得的却是知识掌握程度的测量，那么这种测量就没有效度。效度一般包括内容效度、结构效度和同时效度。

内容效度是指测量内容在多大程度上表示了所要测定的特征范畴。比如，我们要从一个班的学生中挑选运动素质好的学生参加体能比赛，那么所测量项目就应该能表明学生的体能。内容效度的评定主要通过经验判断，可以请熟悉该测量内容的专家来评判。

结构效度就是要检验测量是不是真正达到我们所提出的理论构思。例如，智力测量的结构效度是指被试解答的问题是以智力来加以解释，而不是以学习成绩来加以解释；教学测量的结构效度应采用分析教学过程与测量内容之间的关系方法进行评定，也就是说需要对测量的理论构思进行说明（包括测量项目的结构、测量的总体安排以及项目与项目之间的关系等），如果解释说明符合教学过程的基本理论，测量项目安排能够满足研究的构思，并且每个测量项目都有可靠的信度，那么对一般的教学研究来说，这一测量具有一定的结构效度。

同时效度是选用一种已被认为有效的测量作为标准，由被测者在新测量和有效测量中分别获得的两组分数来求其相关系数,以估计效度的高低。如对教师工作成绩进行测量,测量结果应与领导、教师和学生们所给定的成绩进行相关分析,如果测量的结果与领导、教师和学生的评价结果高度相关说明测量的结构效度高。

2. 测量的信度

测量的信度即测量的可靠性,它是测量反映被测特征的真实程度的指标,有人称之为测量的准确性,也有人称之为测量的一致性。高信度的测量很少受到随机因素或事件的干扰,能够准确无误地测量出测量对象的属性特征。个人在数次接受同一测量时,都能获得近似相同的分数,这说明数次测量结果的一致性,几次测量的相关系数越高,信度越大。检验信度经常采用的方法包括重测法、复份法和分半法。

重测法:是用一种测量法测试一组被试,经过一段时间后,再用同一测量法测试同一组被试,然后根据两次测量的数值,求其相关系数,并按数值的大小测定信度的高低。一般情况下,要求信度系数在 0.90 以上。

复份法:就是用两套测量试题,对一组被试进行同一目的的测量,然后计算两套测量数据的相关系数的高低。这种方法的特点是可以避免重测法可能受到的记忆或练习因素的影响。但如果复份内容近似,将使得信度系数偏高。

分半法:这种方法与前两种方法不同,它只是把全部测量试题分为奇数题和偶数题,经过一次测量后,计算两类题的得分。

内部一致性方法:这是目前比较流行且效果较好的信度检验方法。它不需要把测量题目分成两个部分,而是从测量构思层次化入手,使测量项目形成一定的内部结构,并以内部结构的一致程度,对测量信度做出评定。内部一致性检验在 SPSS 统计软件中都能很容易得出结论。

(三)测量法的要求

1. 数量化

教学测量与物理或化学物质测量的相同点就是把事物或人的属性加以数量化,用可以比较的数值计量测量的结果。但有时用测量的值反映教学也是困难的,如学生体育成绩测量中的零分,并不能说明学生完全没有学习能力。

2. 提高测量的效度和信度

有些因素会影响测量的效度和信度,如测量项目的数量、测联程序、测量项目的质量以及测试人和被测试者等,都在一定程度上影响测量的效度和信度,测量时应努力设法排除或控制可能降低效度和信度的原因。

3. 采用适宜的数据处理方法

各种测量都要运用数据,在运用数据时最基本要求是单位一致,这样才能排列顺序或等级而进行比较,也便于分析两数的差异。分析测量的结果不能只用自然数据来表明成绩，还要对测量的数据进行统计学的处理，以使数字的意义更为明确。

四、教学实验法

教学实验法是依据一定的理论假说，在教学实践中进行必要而又合乎教学情理的控制，探索教学的因果规律的研究方法。

教学实验与自然科学实验相比，有着其自身的特点。首先，教学实验是在教学实践条件下进行的，任何教学实验必须是研究与实践的统一。这就要求教学实验研究的目标应与教学实践的目标相统一，脱离了学生的发展，脱离培养人的目标的教学实验是不能成功的。其次，教学实验是人与人相互影响的活动，参与其中的有人的理性和情意，尤其是教学，没有价值导向和情感是不可能的。最后，在教学实验中，既有技术又有艺术，技术是基础、是手段，而艺术则是对各种实验技术的灵活运用和发挥，实验的技术往往通过艺术的处理在具体的实验活动中发挥作用。

（一）教学实验的类型

1. 单项实验、综合实验与整体实验

从实验涉及的因素来看，可以把实验分为单项实验、综合实验与整体实验。

单项实验指对一个因素进行操作变革，以观测其行为效果的实验。一个因素可能是某种教材，也可能是教学方法，也可能是其他的影响因素。

综合实验是指对教学中有内在联系的多项因素进行综合性的操作变革，以观察其综合效果的实验。如新教材及相应的新教法和教学组织形式的体育教学实验。

整体实验是对教学中某一独立的整体结构进行全面的、系统的操作变革，以观测其结果功能效果的实验。这样的实验可以是整个国家教育体制，也可以是一个学校、学区整个教育结构改革的实验。例如，"在新课程标准指导下的基础教育阶段体育教学改革实验"，它不仅涉及包括课程、教材、教法、管理等因素，还涉及小学与中学两个阶段的衔接问题。

这三种实验各有其功效，互相影响和补充，在实践中，应根据教学实验目的和实际条件来选择。

2. 探索性、验证性与应用性实验

根据实验的主要任务可分为探索性、验证性和应用性实验。探索性实验指侧重于发现新的规律，获得新的科学知识的实验。

验证性实验侧重于对已得出的科学理论进行验证，从而进一步确立或否定它的实验。验证性实验一般是在探索性实验基础上进行的，或者说是对探索性实验的再实验。当新规律或新理论还没有被人们充分检验时，验证性实验才有意义。

应用性实验侧重于把发现和验证过的科学理论应用于具体的教学实际，使科学理论转化为实践效益。普遍有效的科学理论应用于教学实践应有一个实验过程，这种实验是新的科学理论应用于具体实际的中介。另外，即使推广先进的经验，也应结合当地具体情况进行应用性实验。

以上3种实验告诉我们：科学的教学理论从其产生、验证到应用，都是通过实验来完成的。

3. 前实验、准实验与真实验

前实验缺乏控制无关干扰因素措施，虽然也可进行观察和比较，但无法验证实验使用的因素同实验结果之间的因果关系，也很难将实验结果推论到实验以外的其他群体或情境。

准实验没有运用随机化程序进行被试选择和实验处理，也就是说准实验没有拆散原有的学习或班级小组，而是直接以原小组作为研究中的实验组或对照组，因此，不能完全控制误差的来源。

真实验则指能随机分派被试，完全控制无关干扰因素，能系统地操作实验因素。

这种分类是以自然科学实验标准来划分的，这种分类对教学实验的规范化、科学化有着积极影响，但过分强调自然科学实验的规范性，也容易忽视教学实验的本质和特点。

（二）教学实验的基本因素

完整的教学实验由自变量、因变量、调节变量和干扰变量4个基本变量构成。

所谓自变量，就是为达到实验目的所采用的仪器、设备、方法、手段及某种特殊变化的条件等因素。如"教学中合作教学模式研究"这一研究课题，其合作教学模式是自变量。在现实的教学实验中，自变量实际上就是那些各种不同的改革，改变旧的教学变量，代之以新的教学变量。在教学实验中，作为自变量的一般有：教学计划、大纲、教材、教学组织形式与方法、教学情境、模式、教师与学生的身心因素。

调节变量也称次要的自变量，由于它的影响，自变量对因变量的影响会发生变化。例如，运动项目学习的研究中学生的爱好就是一个调节变量；教材的实验中教学方法是调节变量。认识和研究调节变量具有重要意义，因为它更有助于认识所要研究的自变量的性质与效能。如不分析调节变量的作用，可能会把调节变量的作用归结为自变量的作用。这种结果不是教材产生的，而是教学方法这个调节变量作用的结果。

因变量是通过自变量的作用而产生的变量。教学实验中的因变量一般表现为不可分割的两个方面。一方面是学生的发展：知识、技能、技巧、能力、态度、兴趣、情感、意志以及他们的综合；另一方面是教学模式、结构等的优化。这一方面一般都是通过学生的发展变化反映出来，所以无论如何，实验的因变量都少不了学生的因素。

干扰变量是指对实验效果产生干扰作用，影响对实验效果进行归因分析的因素。对这些因素要采取排除、化解、避免和预防等方法控制。例如，为了排除实验中不可缺少的起着积极作用因素（如学生的知识和智力水平等）的干扰，经常采取分组对比实验法，通过随机或匹配方法，使两组在干扰因素的水平上相等，这样，就把两组干扰因素平衡了，两组实验结果的差异就可归为自变量了。

实验的主要特点是能够对变量进行严格的控制，从而决定自变量的变化是否引起了因变量的差异，做出有关教学现象的因果解释。自变量在调节变量的影响下对因变量发生作用，产生实验效果。这种关系中，试验者系统操作自变量，对于积极的调节变量注意利用，对于消极的调节变量应予以平衡抵消，对于干扰变量应尽量给予控制，这样能揭示出调节变量的作用。在实践中为了加强研究的效度和提高研究结果的普遍意义，人们越来越重视现场研究，重视"生态效度"，实验中往往不运用随机化程序选择被试和实验处理。不拆散原有的班或年级组，而是直接以原班或组作为研究中的实验组或对照组。

（三）教学实验设计

1. 单组比较设计（自身对照法）

这种设计是在每个人身上对照，对每次实验前后的变化，进行比较，观察通过施加条件后其效果反应。单组比较实验通常采用：实验前的情况—实验后给予施加因素反应情况—进行对照比较。第一实验效应—第二实验效应—进行对照比较。这是两个不同时期或阶段，采用不同的施加因素而产生不同的效应的两种实验。如体育课教授推实心球（A）技术，第一次学习原地推实心球技术，并测量学生的成绩（远度），第二次学习"侧向滑步推实心球（B）"的技术，并测定投掷的成绩，通过施加不同的技术方法，看学生掌握动作技术及成绩情况。

由于单组比较设计是实验对象的每个人自身对照实验，所以实验条件的控制较为有利。但是这种实验，特别是运用第二种方法实验时，必然用两种不同的施加因素和方法用在一个人身上做实验，这样，在做第二次实验，如何排除第一次干扰和影响，就是比较困难的问题。

2. 组间比较设计

组间比较设计就是直接进行两组以上的比较实验。一般设实验组与对照组。在这两个组中除遵循实验的均衡原则外，还应注重两组样本多少应该是相同的。

这种方法设计简便，对比鲜明，目前运用比较广泛。例如，新授跳山羊，实验班采用完整法学习动作，而对照组采用分解法学习，经过一个阶段，把这两个班的学习情况加以比较，以实验何种教法较好。当然实验班与对照班除施加因素不同外，其他条件如人数、年龄、身体健康情况、学习时间与师资场地器材等条件应基本一致。

组间比较设计，由于处理因素单一，即在一次实验中只能做一个因素的比较。所以，不能满足多因素的研究，常运用一些其他实验设计方案。

3. 配对比较设计

这种方法是将条件相似的对象组成对子：一组实验，一组对照，这样可以观察更细致地一些效应，因此，可靠性则会更大一些。配对比较设计分为单个配对和分层群组配对两种。单个配对是在实验对象中，可选择一对或几对进行比较实验。群组配对是将实验对象，组成数对来进行比较实验。配对比较设计的优点是，可预先对影响实验的因素和条件加以控制，减少组间的误差，尽可能做到均衡，缺点是配对的选择过程中容易损失样本的数量，实验的时间较长。

4. 随机区组设计

随机区组设计，又称配伍设计、田间设计，实际上是配对比较设计的扩大。此种设计是将受试对象按实际情况分为若干区组，每个区组受试对象比较一致，再将每区组的施加因素按随机排序排列的一种实验方法。

这种设计方案的具体方法是：将受试对象按随机抽样分别在 A、B、C、D 四个实验组，接受不同的施加因素，最后四个组都以统一的指标来观察比较，看哪组效果好。

随机区组设计优点是：能用较小的样本解决较多的问题，比较经济有效，有助于消除个体之间的差异，是一种较好的实验方法。例如，在某校小学四年级四个班级中，各选五名身体健康的男学生，运用四种不同的发展灵敏练习的手段，通过一学期训练观察其不同发展灵敏练习的手段的效果。

第四节 简单的体育教学研究统计方法

体育教学的统计方法有简单的，也有非常复杂的。其实，作为小学体育教学的统计，能够知道自己的教学效果怎么样，比如体育课的合格率是多少，比以前进步了多少，学生成绩提高的幅度有多大就可以了。这与严格的体育科学实验，需要运用复杂的统计方法得出结果是不同的。当然，我们掌握了简单的统计学知识，如果需要复杂的统计工作，还可以进一步地学习。但是，没有统计学的基础知识，是不能适应今后教学工作需要的。

一、统计表的应用

运用统计表是统计工作中最简明和实用的统计工作方法之一，它在统计工作中应用最广泛。统计表是根据要调查了解的内容，把分散的情况和资料加以集中、分类、比较，并从中发现其规律而设计的。统计表最大的优点是一目了然，便于应用。

统计表的编制应注意的几个问题：

（1）编制统计表应简明扼要，能说明问题。

（2）有一个扼要的标题，把所述事物的内容、地点和时间表达出来。标题一般写在表的上方。

（3）有横标目和纵标目。横标目列在表的左侧，指表中被说明的主要标志。纵标目在表的上端第一行,是统计指标的名称。

(4) 表内各栏内容和标目的名称与单位,必须填写清楚。

(5) 表线不宜过多过密,一般可省去表的两侧边线和表内过多的横线,以及左上角的斜线。撰写体育科研论文、实验报告时,一般用"三线表"。

(6) 同一指标的数字其精确度应当一致。不要有的是一位小数,有的是两位小数,有的则是整数。书写时应将上下各位数字的位次对齐。

(7) "备注"一般不列入表内,可在表下用简要文字说明。

二、统计图的应用

统计图是用点、线或面积等形式表达统计结果的一种方法。它是根据统计表的资料绘制而成的。由于统计图形象鲜明、通俗易懂和便于分析比较,因此它在进行体育宣传和科研中是一种方便、实用的统计方法。

(1) 统计图的种类。统计图一般分为直方图、圆形图、线图。各种图形都有各自的特点和应用范围,应用时应根据资料的性质选择切实可行的图形。

(2) 统计图的绘制及其应用。

直方图:用于比较性质相似而不连续的资料。用直方图表示数值的大小,常用的直方图有单式和复式两种。直方图可以直立,也可横排。直立时,以横轴为基线表示各个类别,纵轴表示各统计指标的相应数值。横排时横纵轴表示的内容相反。尺度一般从零开始,要等距离,不能折断。各直方宽度要相等,间距要相同。

圆形图:用于表示事物各组成部分的百分比构成。适用于间断性资料。圆形图以一个圆的面积表示各组成部分的总和,即100%,各组成部分所占的百分数折算成圆心角的度数,根据角度在圆中画出扇形面积。图的1%相当于圆心角3.6°,所以,将各组成部分的百分数乘3.6°,就可得出各部分相应的度数。然后即可画出相应的扇形。

如果有两个或同类资料相比,应取两个直径相同的圆,各图中的各部分排列顺序要求一致。

线图:用于连续性的资料,一般表示事物数量上的变动情况或一种现象随另一种现象变动的情况。绘制线图时以横轴表示事物的类别,纵轴表示数值等。纵轴尺度一般从零开始,纵轴确定后,根据事物类别的顺序确定各点的位置,然后用短线连接各点即得线图。若同一图内有几根线,应分别用不同的线条(实线、虚线或点线)或不同颜色区分,并用图例说明。

三、比和率的计算及应用

比就是比例数,也叫相对数。比例数又分为构成比、率、相对比和定基比、环比等。

(1) 构成比：主要表示事物内部各组成部分占总和的比例，常用 100 作比例基数，所以也称百分比。其公式为：

$$构成比（百分比）=\frac{事物内部某一数值}{事物内部各部分数值的总和}\times 100\%$$

(2) 率主要用来说明某一现象发生的频率和强度，常用 100 作为比例基数，也称为百分率。其计算公式为：

$$百分率=\frac{某现象实际发生数}{可能发生某现象的总和}\times 100\%$$

百分比和百分率是从不同角度计算其结果，它们之间没有本质的区别，可以根据需要灵活运用。

(3) 相对比：是两个有关指标的比。常用倍数或百分数表示。公式为：

$$相对比=\frac{另一事物指标}{某一事物指标}（或\times 100\%）$$

(4) 定基比和环比：定基比和环比是用以统计动态的数列，定基比是用第一次的统计数字为 100 进行逐年比较；环比是基数不固定，各以上一个统计数字为 100 进行逐次比较。

第五节　小学体育教学论文与经验总结的撰写

一、体育教学论文的一般要求

（一）科学性

学术论文的科学性反映在科学研究的任务是揭示事物发展的客观规律，探求客观真理。因此它必须从客观实际出发，实事求是地引出符合实际的结论。学术论文的科学性，还要求作者在论据上经过周密的观察、调查、实验，尽可能多地占有资料，以最充分和确实有力的论据作为立论的依据，并且在论证上要求作者经过周密思考，严谨而富有逻辑效果的论证。

（二）客观性

论文的客观性的要求是与科学性紧密相关的。论文的客观性要求研究者能一切从实际出发，全面、周密地考察研究对象，以实事求是的态度对待调查研究中获得的数据和资料。

（三）创造性

创造性是科学研究的生命。科学工作者的创造，一是要对研究对象经过周密的观察、分析研究，从中发现别人没有发现过或没有涉及过的问题；二是在综合别人认识的基础上进行创新。创新比较切合实际的是在原有的基础上发展，或从不同的角度提出一些新的问题。

（四）深入浅出

学术论文起码的要求是写得容易理解。学术论文讲的是复杂抽象的道理，还要用专门术语，因此要尽量写得平易近人，深入浅出，容易被人们所理解。要达到上述要求，作者在动笔写作之前，应通盘考虑论文的结构、语言表达、叙述的方法、篇幅的大小等，并拟写写作提纲。

二、体育教学论文的格式

（一）文科性论文格式

文科性体育教学论文一般可分为前置、主体、附录三大部分，基本格式构架大体如下：

前置部分 ｛
封面——论文的外表，并有保护作用
论题——论文题目
署名——作者姓名并工作单位
摘要——也就是文章的要点
关键词——文章中关键的单纯词与合成词

主体部分 ｛
引论－1——开门见山，直述论点；介绍现状，提出问题……
文献探讨——对前人各种观点的介绍和评析（必要时）
本论－2——提出并论证自己的观点，观点正确，材料翔实，条理清晰
（具体结构有：引论—本论—结论；引论—总论—各论—结论；引论—本论之一—结论之一—本轮之二—结论之二……结论——总结，并就是用范围、研究前提、有待研究的问题加以说明

附录部分 ｛
注释——引用别人的观点或论述必须注明出处
参考文献——本论文写作时曾参考过的著作、文章
附录（包括附图、附表）
写作时间

（二）理科性论文格式

理科性教学论文的格式一般包括题目、引言、研究对象与方法、研究结果与讨论、结论与建议、参考文献等部分。

1. 题目

论文题目要求简单明了，能反映论文的主要内容，要醒目、朴实，不宜过长，必要时可以加副标题。

2．引言（或用序言、问题的提出、文献概述）

引言一般说明选题的原因和论文的主题。如为什么要研究这个课题？想要解决什么问题？前人在这方面做了哪些工作，解决到什么程度，还有什么遗留问题。引言的写法应简明概括，以三五百字为宜。

3．研究对象与方法

这部分要叙述达到目的所使用的方法，研究设计和组织，研究对象、时间、地点以及抽样、对照、采用的指标等。如需要用实验装置，还应写出仪器的规格标准，统计用的电子计算机型号等。研究对象与方法是论文的主体部分，要详细地进行说明，对于自己设计的实验装置，应详细说明设计的理论依据、原理等。

4．研究结果

这是论文的关键部分，要写得明确、具体、富有逻辑性。一般要求将研究所得到的数据和调查资料通过统计图标，结合文字表述出来。要求数据准确、内容充实。

5．分析（或讨论）

这部分要根据观察所得的材料，以及有关文献的材料，经过归纳、概括和探讨，从广度和深度两方面丰富和提高对研究结果的认识，阐述事物的内在联系和客观规律，为论文的结论提供理论上的依据。论文的分析或讨论部分能影响研究成果的价值和意义，对提高论文质量有重要作用。

6．结论与建议

结论是从上述理论分析、实验结果中归纳出的观点，是整篇论文所要表达的见解，并对新认识、新创造、新成就，以简洁的形式表述出来。结论一般包括以下内容：

（1）该项研究结果说明了什么问题，得出了什么规律，解决了什么理论和实际问题。

（2）对前人有关本问题研究成果的验证，提出相同的观点或不同观点。

（3）对本文尚未解决的问题，应在今后的研究方向中提出建议。

（4）根据研究成果对有关部门或工作提出改进工作的建议。

7．参考文献

论文末尾应列出参考文献。这不仅可使读者了解前人的工作，也是对前人工作的尊重。参考文献包括资料名称、作者姓名、发表刊名、卷、页及年份。通常是按在文章中引用的先后顺序依次排列参考文献的编号（不同刊物发表的论文格式略有差异）。

三、经验总结的撰写

经验是由实践得来的知识或技能的汇集。每位教师的教学工作都各有特点，各有所长，有着各自的教学经验。这些点滴经验，来自常年积累，实属不易。因此，我们应当把这些宝贵经验，系统地整理出来，认真进行总结。

总结是一种能力的表现,亦是一种工作修养。不会总结就难以认识规律、改进工作、提高质量。总结有全面总结和专题总结。全面总结一般在学期末或学年末进行。总结时,要对一年或一学期以来各项体育工作进行系统地检查与回顾;分析工作中取得哪些成绩和存在问题及其原因,得出带有规律性的结论。专题总结,是对某一方面工作进行总结,以加深对其规律性的认识。总结要写得精练、真实、层次清楚、重点突出。

1. 总结要以实际效果为依据

对体育工作进行分析时,应把提高教学质量和执行教育方针、政策以及实际成效作为衡量标准,认清工作中哪些是对的,哪些是不对的;哪些是本质的、带有规律性的东西,哪些是非本质的,暂时的现象,并找出它们产生的原因。只有这样,才能提高认识,分清是非,作出正确判断。

2. 要在积累材料的基础上进行总结

做好总结,必须经常深入实际进行充分调查研究,广泛搜集和拥有第一手资料。在分析时,要把材料与观点统一起来。如果平时没有积累材料,要做好总结是困难的。

3. 要抓住重点问题进行总结

教学是中心工作,总结时必须突出这一重点。要注意避免罗列现象,主次不分。把工作中主要经验加以总结,可以得到推广,并从缺陷和失误中吸取教训,增强工作中的预见性和自觉性,进一步改进工作。

4. 要善于学习、运用和总结

任何个人的才能都是有局限性的,要想提高自己的水平和能力就得学习,学习前人和别人的有益经验。有益的经验具有相当程度的科学价值,因为它们基本体现着客观事物发展的规律。通过学习,联系本地、本校的实际加以运用,在此基础上进行总结,才能取得较好的效果。要善于总结,因为好的经验要靠平时下工夫,不断积累所得。体育教师在繁忙的工作过程中要养成总结工作的习惯,只有不断地向自己提出新课题,经常注意收集材料进行总结,才能不断提高自己的水平和能力。

科学的总结,是以科学的方法论为指导,需要系统地占有大量实际材料,经过思维、加工和整理,分清现象与本质、主流与支流、常态与偶然,找出问题产生的原因与条件,从而得出结论。

第六章 体育教学设计的理论基础

第一节 体育教学系统论

体育教学系统是由教师、学生、教学内容及其物质载体（媒体）等相互联系和相互作用着的若干组成部分（要素）以一定结构方式结合形成的、具有特定功能的有机整体。对体育教学系统需要从其组成、环境、功能、结构和运行等方面展开研究。

一、体育教学系统的组成

体育教学系统可以分为体育学习子系统和体育施教子系统。在体育学习子系统中，学生是学习的主体，体育教学内容是学习的客体，教师是学习的组织者、调控者。在体育施教子系统中，教师是施教活动的主体，体育教学内容是施教的客体，学生则是教师施教的对象。

体育学习子系统跟体育施教子系统紧密地相互联系、相互作用着，从空间上很难把它们分割开来。在不同的子系统中，同一要素起着不同的作用，处于不同的地位，体育教学内容既是体育学习子系统中的学习客体，又是体育施教子系统中的施教客体。体育教学内容在这两个子系统中也不是同一的，体育教学内容在学习子系统和施教子系统中不但具有不同的作用和地位，而且其具体内容也不一定相同。只有在体育教学系统达到协调、和谐状态时，学习客体跟施教客体才可能具有相同或基本相同的内容。

二、体育教学系统的结构

体育教学系统的结构是指系统各要素之间相对稳定的联系方式、组织秩序及其时空关系的内在表现形式。它取决于系统的组成要素、各要素的相互关系和相互作用方式以及综合各要素间相互联系而形成的系统的整体性规定。

体育教学系统中各要素的分布并不均匀，它们所处的地位并不等同，相互作用也多种多样。这使得体育教学系统的结构具有不同的类型和层次，具有关键的（或实质性的）结构部分和非关键的（或非实质性的）结构部分之分。

体育和体育教育经验以及教学的物质条件和教学环境，使学生掌握前人积累的体育经验，养成解决体育问题的能力，提高科学素质，成为社会需要的合格公民和人才来满足社会需要，这乃是体育教学系统在跟社会相互作用中所能发挥的作用，是体育教学系统根本的功能。

系统的功能跟其结构密切联系着。体育教学系统的不同结构往往具有不同的功能。同一种教学结构在不同的条件下可能具有不同的教学功能，而相同的教学功能（或教学成果）也可以通过不同的体育教学结构来实现。不同结构的同一功能常常也有程度和水平的差别，所需条件也往往不同。

此外，环境的变化也会影响体育教学系统的功能。

三、体育教学系统的运行和控制

体育教学系统的功能是在系统内各要素相互作用以及系统跟环境相互作用过程中即在系统运行过程中实现的。体育教学系统的运行过程一般由定向和准备、展开教学活动及检查、调整三个阶段衔接而成。

（一）定向和准备阶段

（1）教师研究学生、学生集体，教学条件和自身的可能性，明确教学的目的、任务并使目的、任务具体化。

（2）确定教学内容、教学手段和教学方法，制订教学方案。

（3）论证、预测、调整和优化教学方案。

（二）展开教学活动阶段

（1）激发学生的学习兴趣，使他们形成学习活动的定向。

（2）按照预定方案组织师生的教学活动，根据具体情况及时采取适宜的应对措施。

（三）检查、调整阶段

（1）检查和自我检查教学效果，根据检查结果机动地调整教学过程的进程。

（2）总结教学方案的执行和完成情况，供安排后续教学过程时参考。为了使系统运行达到预定目的，需要对教学系统加以控制。控制是保证系统发挥正常功能的必然途径。它首先表现为教师对学生活动的计划、组织、调整和检查，反映了教师在教学中的主导作用。教师的控制又必须有适宜的强度，以不影响学生的主动精神和独立性为度，否则同样会影响教学的效果。

一般来说，控制的强度和形式要视学生情况而定。对学习能力较差学生的控制要比对学习能力较强学生的控制强些，控制形式也要由直接控制逐步过渡为间接控制。同时，教师应该帮助学生形成和发展自我控制能力。

根据教学结果向教师和学生反馈有关信息，使他们主动地作出相应调整，是对教学进行控制的有效方法。反馈越及时、可靠、充分，调控的效果就越好。

跟体育教学系统运行有关的因素有：体育教学目标、体育教学内容、体育教学媒体、体育教学方法以及教师和学生的状态等，它们都是系统的变量，决定着系统的状态和运行情况。上述变量之间存在着一定的联系，具有某些对应规律。例如，对不同的体育教学目标、体育教学内容，所适宜采用的体育教学方法就不同；不同的教学媒体，不同的教学方法，也会产生不同的教学效果等。系统的各种因素按照不同方式组合，可以形成不同的体育教学类型。

第二节 体育学习论

一、体育学习论的定义及其意义

体育学习论是研究体育学习现象的科学，既研究体育学习的规律，又研究体育学习规律的应用。让学生学会如何学习体育，是体育教学的根本目的。体育教学只有遵从体育学习规律学习，才可能达到预定目的。取得较好的效果。体育学习论可以为体育教学论和体育教学实践提供可靠的科学基础。要进行体育教学设计，必须学习、研究和掌握体育学习论。

体育学习论的具体内容包括：体育学习系统研究、体育学习内容研究、体育学习条件和学习准备研究、体育学习目标研究、体育学习过程研究、体育学习原理研究、体育学习方法研究、体育学习媒体研究、体育学习能力研究、体育学习动力研究、体育学习测量与评价研究、体育学习指导与调控研究等。现对其中一些问题简单讨论如下。

二、体育学习条件和体育学习准备

要进行体育学习，必须具备一定的条件，形成体育学习准备。否则，体育学习就不能发生，也就谈不上体育学习、体育教学了。

体育学习的一般条件主要包括以下三个方面。

（一）学习者的内部条件

体育学习的发生需要学习者具有一定的动机，动机是推动体育学习活动的内部动力。学习体育的动机产生于学习者的某种需要。在生活、学习和实践中形成和发展起来的体育兴趣和体育求知欲，是体育学习动机中最现实和最活跃的成分，是激发学习者主动、积极地学习体育和提高学习效果的重要条件。

学习体育需要具备一定的知识技能基础。掌握体育基本概念、基础知识和基本技能，是进一步学好体育的重要条件。学习体育还需要其他学科方面的知识技能作基础。

为了顺利地完成体育学习活动，学习者还必须具有一定的能力基础，特别是具有一定的认识能力和思维能力。

体育学习的上述条件决定了对学习者的发展水平、学习基础和学习起始年龄有一定的要求。

（二）外部物质条件

人类的体育经验属于精神范畴。要进行体育学习、实现人类体育经验的传递，就必须使体育经验物质化，使它具有一定的物质形式或物质外壳，形成一定的体育学习情境。因此，体育学习需要一定的物质条件。体育学习的物质条件主要有体育场地器材设施、教科书以及有关的辅助资料等，它们都是体育学习内容的物质载体。

（三）组（织）控（制）条件

为了顺利和高效地完成体育学习活动，学习者必须借鉴先学者的学习经验，从外部得到指导，即必须由外部给予适当的组织和控制。体育教师、体育教科书和学习指导书的编者是最常见的体育学习组控者。体育学习者有程度不同的自我组控作用，它跟外部组控作用处于协同状态时，可以取得最好的效果。自我组控作用是体育学习者主动学习的必要条件，学习集体可以弥补学习者个体自我组控能力的不足。

体育学习准备状态是指学习者适应体育学习的身心发展成熟情况，主要包括三方面的因素：①学习者个体的成熟；②学习者个体的体育知识和经验；③学习者个体的体育学习动机。

在体育学习开始之前，必须做好体育学习准备工作。除了准备学习方案、学习内容和场地器材以外，首要的准备工作是激活体育学习准备状态。体育学习准备状态的激活包括知识技能基础的激活和学习动机的激发，使学习者做好体育学习的心理准备。

为了达到激活目的，可以采用不同的策略和方法。例如，为了使学习者在长时间记忆中储存的知识技能基础激活，可以采用下列基本方法：

（1）在学习新知识前先复述或者复习作为学习基础的体育知识技能。

（2）回忆有关的体育知识技能的获得过程，重温原先形成体育知识技能的问题解决过程。

（3）用跟新、旧课题关联的新问题来组织有关体育知识技能的回忆和再认识。

第（1）种方法比较简单，但不能有效地揭示基础知识技能跟新课题的联系。第（3）种方法正好与此相反，它能较好地揭示有关知识技能跟新学习课题的联系，但设计问题的难度较大，比较复杂。第（2）种方法则介于这两者之间。

三、体育知识技能的学习过程

体育学习效果不仅是体育学习系统的"状态函数"，而且是体育学习系统的"过程函数"，跟体育学习过程有着密切的联系。要提高体育学习和体育教学的效果，必须注意研究体育学习过程及其客观规律。

体育知识技能学习活动是由三个基本环节组成的环状结构。

（一）定向环节

是建立调节体育学习行为的定向映像、制订体育学习计划、确定体育学习目的和方法策略的过程。是使学习者初步认识学习的目的、对象和方式，概略地知道学习活动的主要步骤、重点和难点，预知或想象学习的结果的过程。它可以指引、调节学习者的活动，使学习者主动地学习，有利于学习者形成良好的认知结构，提高学习的效率。在实际的体育学习过程中，学习者的学习经验、同一类型学习的迁移，都可能使定向活动压缩和简化。

（二）行动环节

通常由学习者的听课、练习、观察示范、领会或体验、整理、联系、练习、表达、作业以及预习、复习等内部和外部活动组成。这些活动按照一定形式组织起来就形成了体育学习活动的行动环节，其一般结构可以概括为以下几个方面。

1. 感知——预备阶段

学习者主要听体育教师的讲解，观察和领会示范，获得关于练习方法的知识等感知学习材料，形成明确要解决的体育问题或任务。

2. 加工——形成阶段

进行分析、综合、抽象、概括、归纳、演绎、推测、验证等思维加工，形成和理解体育概念、体育原理，并且实现符号化（如给出术语、定义等），或再进行练习、领会、体验等活动，形成对体育动作技能和体育心智技能的体验，并且实现物质化，在外部活动中应用和表现。

3. 联系——巩固阶段

进行判断、鉴别、归属、划分、扩展，解释、说明、论证、整合、联系、比较等活动，明确学习内容的适用范围，跟其他体育内容的联系、异同，作进一步的总结和概括，补充、修改原有的体育经验结构，构建新的体育经验结构，形成理论的、符号的和操作活动的体系，并同时实现所学内容的巩固。这一阶段又以对所学内容进行系统的总结（或小结）为主要内容和特点，故又被称为总结阶段或系统化阶段。

4. 应用——发展阶段

由所学内容进一步形成应用规则和方案，在解决问题的作业过程中运用所学内容，进一步练习、完善、发展和巩固所学内容，形成动力定型，使所学内容进一步概括化。

当然，也可以用我们熟悉的动作技能形成的规律来阐述该环节。

（三）反馈环节

反馈是使行动环节的活动结果返回给执行者从而监督、检验、核对、校正和调节行为的过程。体育学习过程中的反馈环节可以使学习者知道学习是否正确，从而调节学习活动，强化或者修正学习的结果，保证学习能达到预定的目标。

体育学习中的反馈可以分为两类。一类是来自学习者通过对自身学习活动的评价或者对学习结果的预测而形成的自我感觉或自我评价，可以称为自我反馈或者内反馈。另一类是由学习者外界，包括学习组控者和其他学习者，根据对学习活动外部结果的评价而提供的反馈信息，可以称为外界反馈或者外反馈。自我反馈是很重要的一种反馈，其正确与否对学习结果影响很大，学习者的元认知是自我反馈中最重要的成分。学习经验的积累、良好的学习定向、自我对学习过程的客观科学分析以及自学能力的养成，都可以提高自我反馈的品质，促进学习水平的提高。

反馈可以是某一段学习活动结果的反馈，也可以是某一学习"动作"结果的反馈，因而反馈环节常常渗透到行动环节各阶段，特别是渗透到练习和应用阶段中，不一定在行动环节全部结束之后才集中地进行。

与此类似的是，定向环节也常常渗透到行动环节的各阶段之中，有时跟行动环节的感知——预备阶段很难分开，而不一定非要在行动环节开始之前全部完成。在这方面，反馈环节也有一定的作用，定向环节与反馈环节也是相互联系着的。

四、体育学习能力

体育学习能力是在体育学习活动中形成和发展起来的，它直接影响体育学习活动效率、是保证体育学习活动得以顺利完成的个性心理特征。广义的体育学习能力由一般学习能力和体育的特殊学习能力两部分组成。

一般学习能力主要包括：①感知能力；②注意能力；③记忆能力；④思维能力；⑤想象能力；⑥语言表达能力；⑦操作能力；⑧学习适应能力；⑨认知能力等基本要素。

体育的特殊学习能力是在体育学习活动的特殊性制约下，学习能力高度发展、分化、综合、重组形成的，是在一般学习能力基础上发展起来的。它主要包括：①体育观察能力；②体育练习能力；③体育抽象思维能力；④体育微观想象能力；⑤体育自学能力；⑥体育应用和创造能力等成分。

所谓元认知能力，是主体对自身认知系统、认知过程和结果的认知能力以及对自身认知进行调节的能力，是以元认知知识、元认知技能、元认知体验以及元认知监控为基础形成的。体育认知活动的有效进行离不开体育元认知能力。对体育学习过程、体育学习方法、体育学习策略等方面规律的认识（即体育学习论的知识），对体育认知活动的自我意识和自我控制能力以及体育学习实践经验等因素都对体育元认知能力的形成和发展具有重要的意义。

体育学习能力需要若干因素支持。其支持因素主要有下列五个方面：①有关的知识；②有关的技能；③相关的特殊能力；④一般学习能力；⑤动机、兴趣、情感、意志以及科学精神、科学态度、科学意识等非智力因素。它们对体育学习能力的形成和水平有着很大的影响。

能力只能在实践中逐步形成和发展。要养成体育学习能力，除了要重视上述支持因素的作用，努力提高它们的品质水平，为体育学习能力的形成创造良好的前提条件以外，还要自觉地实践，注意在实践中不断地总结、提高。

五、体育学习的动力

体育学习不仅是认知活动过程，还是动机、兴趣、情感、意志等非直接认知活动的过程。这些非直接认知因素中，有的跟体育学习活动的发动和维持有关，有的决定体育学习活动的个性特征。它们能直接制约和影响体育学习活动，组成了体育学习的内在动力系统。

根据内在动力系统各要素的主要作用，可以把它分为四个子系统。

（一）发动系统

主要由学习需要、学习兴趣、学习动机等因素组成，具有激发、启动作用。

（二）维持系统

主要由情感、情绪、意志等因素组成，具有维持、强化、稳定等作用。

（三）定型系统

主要由气质、性格、认知风格等因素组成，具有稳定和定型作用，能形成主体在体育学习方面的个性特征。

（四）引导系统

主要由理想、信念、价值观、人生观、世界观等因素组成，作为最高层次指导智力因素和非智力因素在体育学习中发挥作用，是高级动力和调节系统。

实际上，内在动力系统和各个因素可能兼有多种作用，并于系统之间相互渗透、相互关联、相互配合、相互制约。

内在动力系统不但能使认知系统在体育学习中发挥作用，而且能促进智力因素发展，帮助它补偿缺陷。而认知系统不但对内在动力系统提出一定的要求、推动其发展，而且智力因素的某些稳定特征的高度发展可以转化为非智力因素的个性特征。在认知系统中常常渗透着某些非智力因素，在内在动力系统中则常常含有理性的成分。内在动力系统跟认知系统协调发展、协同作用，才能相辅相成，使体育学习顺利进行并取得良好的效果。学习者不但需要具有良好的智力品质，同时也需要养成良好的非智力品质。

第三节 现代教学理论

近几十年来，各国学者陆续提出多种教学理论，其中比较重要的有：布鲁纳的认知教学理论、布卢姆的掌握学习理论、瓦根舍因和克拉夫基等人的范例教学理论、巴班斯基的教学最优化理论、冯忠良的结构——定向教学理论等。它们各有其合理、先进之处，作为从事实际工作的教师，应该善于博采众长，用来指导教学设计和改进教学。下面就对这些教学理论作一简单的介绍。

一、布鲁纳的认知教学理论

布鲁纳是美国著名的教育心理学家。他以智力发展为主线来研究儿童认知过程，在此基础上构建他的教学论思想。布鲁纳认为，教学要促进儿童智力发展，必须重视改进教材的本质。与其包罗万象，不如把基本的结构教给学生。优秀的学科结构必须尽量简要，尽量带有迁移力，并且适于每个年龄段的学习者的发展。他认为，人所具有的知识是同该知识以什么顺序、什么方式加以掌握紧密相关的。学习的优化是通过使教材适应学习者的思维风格而产生的。布鲁纳认为，内部动机是学习的真正动力，它能使学习者主动地学习，并且在学习中发现学习的源泉和报偿。

布鲁纳提倡发现学习，认为发现学习能够提高智慧的潜力，使外部动机向内部动机过渡，有助于学会发现的探索法，有助于保持记忆。所谓发现学习，就是让学生像科学家工作那样来学习。他指出，发现不限于寻找人类尚未知晓的东西，确切地说，它包括用自己的头脑亲自获得知识的一切方法。

布鲁纳的认知教学理论重视智力的发展序列，重视认知结构的形成，重视学习过程，重视内部动机的作用，有着积极的意义并且产生了广泛影响。

二、布卢姆的掌握学习理论

布卢姆是美国杰出的教育学家。他的教学理论以新的教育评价理论和学生观为基础，汲取众多教学理论的精华，形成自己具有特色的教学理论，是目标教学模式的另一个理论基础。

他认为，学生中的个体差异是"人为的和偶然的，而不是个体固有的"，"除了占学生总数的5％的超常学生与低常学生之外，其余95％左右的学生在学习能力、学习速度、进一步学习动机方面并不存在什么差异"他强调憨学过程中"矫正——反馈"系统的作用。他提出了教育评价的新概念，主张教育评价以改进教学为目的，以系统收集证据为手段。布卢姆认为，教学结构可以分成三个主要部分：学习前学生的准备状况、教学活动、要达到的教学结果。为了达到预定目标，需要对这三个部分进行评价，来获得教学反馈信息并进行相应调整，以保证教学取得一定效果。这三个阶段教育评价的目的、功能、步骤、方法各不相同，布卢姆主张用诊断性评价或前置性评价、形成性评价和总结性评价对学习过程进行评价和反馈，以及时了解各种教学策略对达到预定目标的效果，我们分别称为诊断性评价、形成性评价和总结性评价。

布卢姆发现，家庭和学校环境是决定儿童学习优劣的主要因素。根据他对影响学生学习因素的研究，只要提供适当的学习条件，大多数学生在学习能力、学习速率和学习兴趣、态度等方面的差异可以减少到很小的程度。以此为基础，他提出要"为掌握而学，为掌握而教"，并且设计了与一对一个别教学方法等效的群体教学方法。

布卢姆的掌握学习理论着眼于改进班级教学、消除个别差异和调动学生的积极性，是一种新型的传统教育流派。

三、范例教学理论

范例教学理论是一种教学理论体系。这种理论的基本思想是：工作能力比泛泛的知识更重要。应该通过"教养性学习"使学生获得系统性认识，了解学科的基本结构和各种知识之间的联系，让他们对一门学科有一个整体的、全局的观念，而不是像传统教学那样尽力让学生掌握大量所谓具有系统性的材料。

作为重点的知识内容就是范例，每个范例都具有一定的代表性，是反映整体的一面镜子并且相互关联。深入地教学有限的范例，能让那些在课上不教的同类学习内容或者潜在学习内容为学生所认识，引起学生自发地学习它们的兴趣。

要使范例反映学科整体和学习者整体，教学必须是开放式的；必须充分注意学习者的实际，使教学从学生的实际出发；必须引导学生独立地探究，组织"发生的学习"，即像研究者那样，通过对现象的探究获得科学结论，而不是仅仅向他们灌输知识；必要时可以打破常规教学方式，打破学科界限进行合科教学。

为了实现其基本思想，范例教学论提出了多种教学原则。其中最重要的教学原则有以下几种。

（一）基本性原则

要向学生传授一门学科最基本的要素，包括基本概念、基本结构和基本科学规律。

（二）基础性原则

要以学生的经验为基础，使学生获得更深化的新的经验，建立新的思维结构。

（三）范例性原则

要通过范例的精选，使教学内容之间以及教学内容跟学生思维结构之间的联系结构化，通过范例教学形式达到基本性和基础性目标。

对范例教学的组织，人们有着各种各样的设想。其中比较引人注意的是施滕策尔提出的四阶段模式。这种模式把范例教学过程分为四个阶段：第一阶段是在课题性教学中以个别事例和对象为例来说明事物的本质特征；第二阶段是由上述个案出发迁移到同类现象，并作出该类的总结；第三阶段是在前两个阶段的基础上，进一步认识一般的规律；第四阶段是在前三个阶段的基础上，使学生把各种知识与认识转变为自己的经验，转变为用来指导其行为的经验，不仅深刻地了解客观世界，而且加强自己行为的自觉性，实现基本性向基础性的过渡。

范例教学实质上不是一种新发明，也不是某个人的首创。它的许多思想很早就被不少人提到并且用于指导教学实践。

四、巴班斯基的最优化教学理论

为了提高学校教学的效率和质量，同时又防止学生和教师负担过重，著名教育家巴班斯基提出教学最优化理论（思想、原则）。所谓教学最优化，就是根据培养目标和教学任务，考虑学生和教师的具体条件，按教学规律和教学原则的要求制定（选择）一个最好的教学方案，然后灵活机动地执行这个方案，以期用不超过规定限度的时间和精力，达成对该具体条件来说最大可能的效果，这个效果反映在学生身上，就是他们获得最合理的教育和发展。

巴班斯基认为，为了拟订或选择最优的教学方案，要用系统、完整的观点看教学过程的结构；要分析研究教学过程的内部联系和矛盾，揭示教学的规律性；要按照所揭示的教学规律提出新的教学原则体系。

他认为，教学过程的基本成分有：社会所决定的教学目的、教学内容、教学条件、师生活动形式、师生活动方法、教学结果的分析和自我分析。他从完整的、综合的观点出发，把教与学的活动统一考虑，根据活动过程包含组织、引发和检查三因素的见解，把教学方法分为组织和自我组织学习认识活动的方法、激发学习和形成学习动机的方法、检查和自我检查教学效果的方法三个大组。认为为了使教学过程发挥最有效的作用，必须使教师的控制作用和学生主动性有一个最优的比例尺度。

巴班斯基主张按照最优化标准来对待传统教学和流行的教学模式，主张"基于发现法教学的实践而逐步扩大学生自己探究活动的成分"。认为每种教学形式和方法只能主要解决一定范围的教学任务。对待公认的优良经验，也要根据具体情况有所取舍，扬长避短，按照最优化原理巧妙地结合和有选择地使用。

在总结教育实验研究经验的基础上，巴班斯基认为下列实施程序是切实可行而有效的：①教师掌握教学、教育任务，并在全面研究学生在这一时机实际可能性的基础上，使任务具体化；②选择在该条件下最优组成教学过程的标准；③为解决规定的教学、教育任务，研究制订对该条件来说是最好的综合手段；④尽最大可能改善条件以实施所选定的教学方案；⑤实施所拟订的教学工作计划；⑥根据所选择的最优化标准分析教学过程的结果。他还在分别研究教的最优化方法和学的最优化方法的基础上，提出了教学最优化的方法体系。

巴班斯基指出，教学最优化只有在教师辩证地思考的基础上才是可能的，最优化思想跟教学的教条主义是针锋相对的。掌握教学最优化思想将会促进教师创造个性的发挥，增长他们的才干和提高教育工作的艺术。

五、冯忠良的结构——定向教学理论

根据多年来从事的改革教学体制的理论与实践研究，我国教育心理学家冯忠良提出的结构——定向教学理论。其教学思想有两个基本观点：①结构化教学观点，即教学应以构建学生的能力结构与品德结构为中心；②定向化教学观点，即提高教学成效必须依据能力结构与品德结构的形成、发展规律，采取措施，实施定向培养。

结构——定向教学思想以"教育本质的经验传递说""学习本性的接受——构建说""能力品德实质的类化经验说"为理论基础。从教育的系统论观点出发，把教育如实看做是一种造就社会成员（人才）的经验传递系统。认为学生的学习为接受学习而非发现学习，但是，经验的接受不同于物的接受，经验的接受是主体对经验的媒体进行能动反映即主动重新构建而实现的。

这种理论认为，能力是类化了的知识与技能结构，是概括化与系统化了的知识与技能的网络系统，是个体行为的一种内在调节机制，其职能在于支配活动的定向与进行方式。作为认知经验因素的知识与作为动作经验因素的技能，是这种行为调节机制中不可缺少的经验因素。

品德包括个人的思想品德和道德品质，它同样是作为一种个体行为的内在调节机制而存在于人脑之中。品德本身就是对一定的社会规范所形成的一种遵从结构。这种遵从结构由个体在履行某种社会规范中所获得的对社会规范的认知经验和情感经验构成，是类化了的社会规范经验，是概括化与系统化了的社会规范经验网络结构。

这一理论认为，结构——定向教学需要直接依据于学习动机及其形成、发展、条件，学习迁移及其过程与条件，知识的掌握与条件，技能的形成与条件，社会行为规范的接受过程及条件这五个方面的规律。

这一理论还认为，结构——定向教学思想的实践必须通过教学设计来解决结构——定向教学的宏观与微观方法学问题，建立起一套结构——定向教学体制。为此，必须依据结构——定向教学思想分别对教学体制的教学目标系统、教材系统、教学活动系统、教学成效的考核及评估系统这四个方面构成因素进行精心设计，对现行的传统教学体制进行系统改造，并就这四个方面提出了17条执行原则。

结构——定向教学理论以教育心理学研究成果为依据，有比较可靠的理论基础。它所要构建的学生心理结构不仅是能力结构，还包括品德结构，有利于比较全面地提高学生素质。它着眼于传统教学体制的系统改造，适合于我国国情，有比较现实的可行性，值得进一步试验、完善、推广和发展。

第四节 体育教学方法论

在体育教学系统中存在着施教主体和学习主体。体育教学方法是体育教学系统中的主体为了实现体育教学目的、完成体育教学任务而作用于客体以及跟系统内其他要素相互作用的活动方式和手段的规定。因此，体育教学方法是由相互联系着的体育施教方法与体育学习方法两部分组成的复杂的方法体系。

一、体育教学方法的发展历程

体育教学方法的发展经历了由简单到复杂的过程。体育教学方法的历史性发展主要表现在三个方面。

第一，体育教学方法经历了由不讲究教法到讲究教法再到讲究教法与学法统一的发展过程。

经过二百多年的发展，体育终于成为学校的课程，并且开始采用班级授课式的师生制教学。17世纪30年代，著名教育家夸美纽斯曾主张每个教师乃至每个学校只用一种方法教学，主张"一切科目和语文都应该采用同样的方法去教授"。这反映了当时人们对教学方法多样性的认识，也从侧面反映早期的学校教学方法比较单调和简单。

19世纪20年代，李比希改革体育教学方法，建立教学实验室，采用从基础课教学到实验训练，再到独立练习研究的教学制度。19世纪末至20世纪初在美、欧出现的现代教育、进步教育和新教育等教育改革运动，进一步推动了体育教学方法的改革和创新。自此，体育教学方法种类越来越多。同时，以杜威为代表提出的儿童中心主义对学科课程教学也产生了重大影响，人们开始重视学法，教学合一、把教授法改为教学法等主张逐渐被广泛地接受。

第二，体育教学方法经历了由基本方法到综合方法，再到特定教学法的发展过程。

所谓教学基本方法，是指教学主体为了完成教学特定阶段的"任务元"而采用的活动方式。例如，讲授——听、记；谈话；讨论；指导阅读；示范——观察；练习；教学实习和参观等。教学基本方法是教学综合方法的基本构件，本身不含有教学思想和教学策略。掌握各种教学基本方法及其运用，是掌握教学综合方法的基础，是教师应具备的教学基本功之一。

教学综合方法通常由若干种教学方法按照一定方式结合而成。它不是教学基本方法的简单拼接，而是在某种教学思想指导下，根据教学的目的、任务、内容和学生情况等因素，通过设计教学策略，将适宜的基本方法连贯、协调地组合而成的。教学综合方法蕴涵着教学思想和教学策略，并且可以带有主体的个人风格和特点，其结构和种类要比教学基本方法复杂得多。目前常见的以讲授为主，配合运用示范、练习或指导等基本方法而形成的多种综合讲授法，以及讲练结合法、纠正错误法等都属于教学综合方法。现在，通常所说的教学方法就是指教学综合方法。

教学方法要根据具体的教学目的、任务、内容和教学条件的变化而变化，因而同一种教学指导思想在不同情况下会采用不同的教学（综合）方法。教学思想相同的各种教学综合方法的集合被称为教学综合方法体系，也常常被称为特定的某某教学法。例如启发式教学法、单元结构教学法、练习——纠正错误教学法都各包括一组教学指导思想相同的综合方法。同 特定教学法包括的各种方法分别适用于不同目的、任务、内容和条件的情况，相互之间为补充关系。

第三，体育教学方法由认知教学方法逐步发展到由教学活动发动和定向方法、教学活动组织和进行方法以及检查、反馈、调控方法等三组方法构成的方法体系。

教学方法贯穿于教学过程的始终。从系统的观点来看，任何活动都是由相互联系、相互制约的定向环节、执行环节和反馈环节三部分组成的，教学活动也是如此。因此，教学方法也相应地包括了上文提到的三组方法。

二、体育教学方法的结构体系

体育教学方法包括下列三组方法，每一组方法又各包括若干种类：
(1) 教学活动的发动和定向方法。
(2) 教学活动的组织和实施方法。
(3) 复现—探索法。

按不同角度进行分类，只适用于对基本方法进行分类。在这种情况下，根据教学方法特质，即根据教学思想和教学策略进行分类，不但可以避免分类困难，而且可以反映出教学方法的本质特点，有助于领会、掌握有关的教学思想，从而更自觉有效地运用和改进教学方法。

例如，根据教学思想和启发策略，可以把体育教学方法分为以下几种。

（一）注入式教学法

用简单灌输和机械重复的方法教学，学生处于被动地位，其实质是以刺激—反应联结为理论基础。

（二）传统启发式教学法

以视觉论为理论基础，强调让学生在已有经验的基础上掌握新知识，教师以讲授为主要手段，有时也用示范、问题解决等手段配合，来启发学生思维，学生主要用内省和复现的方法进行接受学习。

（三）现代启发式教学法

以发生认识论为理论基础，强调通过学生自主性活动使其形成认识和得到发展，又称活动教学法,以发现法为代表。19世纪末阿姆斯特朗提出的实验室教学法等方法也属此列。

(四)综合启发式教学法

以系统方法为指导,力求多种方法作最优组合,实行接受学习与发现学习结合,让学生既掌握基础知识和基本技能,又发展智力和能力。指导发现法、练习——讨论法、自学辅导法、单元结构教学法、"练练讲讲"教学法等都属于综合启发式教学法。

三、体育教学方法的选择

选择适宜的教学方法是制订教学工作计划时的重要任务之一。选择的教学方法是否适宜与教学效果关系极大。因此,教学方法选择也是教学方法学的重要研究课题。

研究体育教学方法的选择,需要弄清体育教学方法的选择标准和工作程序。参照教学方法选择的一般标准,并考虑到体育教学的特殊情况,可以把体育教学方法选择标准概括为:

(1)体育教学的规律性以及反映这种规律性的体育教学原则。

(2)体育教学的目的和任务。

(3)体育学科的特点以及具体课题的内容和科学方法。

(4)学生的生理、心理特征,学习准备状况以及班集体的特征。

(5)场地设备、直观手段、教学时间和其他环境条件。

(6)教师的教学思想、对体育教学规律的认识、对各种教学方法特质的了解、应用和选择各种教学方法的经验与能力以及其他个性特征等。

在选择教学方法之前,通常先要明确教学的目的和具体任务,熟悉教材内容,根据教学思想和教学策略对教材内容作出合理的选择和逻辑的组织,然后才能按照标准选择各阶段适宜的教学方法并进行整体的优化。

最初,人们根据经验和直觉来选择教学方法,没有一定的程序,这给教学方法选择带来困难和不确定性。因此,选择教学方法的程序受到研究者的注意。

巴班斯基提出,教学方法的选择可以按照下列通用程序进行:

第一步,决定是选择让学生独立学习的方法还是选择让学生在教师指导下学习的方法。

第二步,决定是选择接受——复现法,还是选择探索——发现法。

第三步,决定是选择归纳法,还是选择演绎法。

第四步,决定能不能综合运用讲解法、直观法和示范法。

第五步,决定激发学习活动的方法。

第六步,决定检查和自我检查的方法。

第七步，认真考虑所积储的各种方法相结合的不同方案，以防发生偏差。

实际上，在选择教学方法时并不一定非要机械地按照这一程序进行，其中某些步骤的顺序可以改变。为了选择最优的教学方法，需要对不同的方案进行比较甚至试验。

在尚未形成科学地选择教学法的能力时，按照一定的步骤开展工作是必要的。随着经验的积累，直觉又会越来越多地在教学方法选择中起作用。不过，这时的直觉是以理性的科学判断和实践经验为基础的，不同于原始的、低水平的直觉。

第五节 体育教学策略论

一、体育教学策略的意义

体育教学综合方法是由若干种教与学的基本方法组成的。同样一些教学基本方法按照不同的策略组织起来，可以形成风格和效果迥然不同的教学方法。体育教学策略是体育教学综合方法中用于解决教学问题、完成教学任务、实现教学目标而确定的师生活动成分及其相互联系与组织方式的指令性程序成分，也是根据体育教学目标和教学条件选择、组织各种基本活动方法，调节、控制主体的内部注意、感知、思维和操作活动，对教学活动进行内部定向指导、调控的认知知识和技能。

体育教学策略常常依据一定的教学理论或假说制定，是体育教学活动的指导思想、行动规则和组织依据，是体育教学方法的精髓、灵魂和本质特征。高水平的体育教学策略不但具有科学性，而且具有很高的艺术性。

二、体育教学策略的组成

体育教学策略可以分为施教策略和学习策略两部分。其中，施教策略常常决定着教学活动的内容和步骤，规定、控制、影响着学习策略；学习策略具有一定的被动性，其程度既跟学生的主体意识有关，也跟施教策略有关。

学习策略的被动性对教学效果影响很大，为此，施教策略必须以引导学生主动学习为基调、以学生主动和有效的学习策略为基础。另外，施教主体还应该引导、促进学习主体形成和掌握合理的学习策略。学习策略的形成应该遵循一定的规律，即从无意识、不自觉的外部控制到有意识的、自觉的外部控制（包括提出要求、诱发、指导等），再经过学习主体有意识的自我控制（元认知控制）转化为更加自动化、习惯化地自我调节、控制学习策略选用这样一个高级阶段。

教学策略也可以根据活动过程环节分为教学活动发动和定向的策略、教学活动组织和实施的策略以及检查、反馈、调控的策略等。

三、体育教学策略的层次

教学策略有不同的概括形式。为了说明这个问题，让我们先来看一个例子。

《原地单手肩上投篮》教学中，拟定采用下列策略：

教学策略是实现教学目标的手段。教学策略设计是以学习理论为依据，既要符合教学内容、教学目标的要求，适合教学对象的特点，还要考虑本校、本班及教师本人具体教学条件的可能性。教学策略设计主要是解决教师"如何教"、学生"如何学"的问题，它包括课的类型、教学顺序的安排、教学方法设计的选用等。

在新课程理念下，所设计的体育教学策略应实现下列三个方面的转变。

一是学习方式上，应从接受式教学向以自主体验、互助交往和创新为主要特征的探究式学习转变。

二是教学呈现方式上，要从以规范动作的讲解示范为主要形式的定论呈现向以学生体验、感悟为主要形式的间接呈现方式转变。

三是师生互动方式上，要由传统的教师教、学生学的单向传递活动转变为师生双方相互交流，相互沟通，教学相长，共同发展。

教学策略的不同的概括程度表现为不同层次。高层次策略是对低层次策略的概括，适用范围较大。低层次策略是高层次策略的具体化，它体现、蕴涵着高层次策略，适用范围较小。

高层次策略实际上属于教学思想范畴，它体现着教师对教育教学方针、教学目标以及教学理论和方法体系的认识，也常常表现为概括性的酒比较稳定的原则或活动规则。因此，可以把教学思想及其原则体系看做是最高层次的教学策略。

四、体育教学策略的研究和表示方法

由于教学活动中存在两个主体，在研究教学策略时，需要对施教主体的施教策略和学习主体的学习策略分别进行研究。

（一）研究施教策略方法

1. 自陈法

由施教主体介绍、说明自己采用的教学策略。这种方法只适用于施教主体有自觉的策略意识的情况。

2. 教案研究法

对施教主体的施教方案进行分析、概括，来了解其施教策略。这种方法只适用于施教方案比较详细的情况。

3. 实录研究法

对教学过程实录进行研究，从中概括出施教策略。这种方法比较可靠，有时还用自陈法和教案研究法配合，以便更好地了解施教主体的主观想法。

在研究施教策略时，不但要了解施教主体准备通过什么样的途径来实现认识、情感等领域的各项教学目标，还要了解其在怎样处置学习主体、协调教学关系方面的计划。

（二）研究学习策略方法

体育学习策略常常处于主体的潜意识状态，研究的难度较大。可以采用的研究方法有以下几种。

1．内省法

让主体报告、追述自己的策略思维活动的过程和结果，或者分析、概括自己采用的学习策略。

2．口语记录分析法

通过记录和分析主体在学习时有意或无意地发出的口语，研究其内部活动过程。这种方法比较贴近被研究者的思维活动过程，但要求被研究者有口语习惯或者愿意配合，能大声地报告，要求学习任务有一定难度。

3．外部活动和活动结果分析法

以观察为基础，通过记录和分析被研究者的外部活动过程来推测其体育学习策略。或者分析、研究其活动结果，特别是分析、研究其作业错误等，来推测其体育学习策略。这是一种间接性的研究方法，有效性不高。

以对个体的学习策略研究为基础，可以进一步确定学习集体中存在的学习策略类型并确定学习策略的主流类型。

不同层次的教学策略常常采用不同的表示方法。高层次教学策略比较概括和抽象，常常用语言描述，或者用有关的高级规则系统来表示。教学模式是中间层次的教学策略，常常用模式框图来表示活动的主要步骤和顺序的规定以及活动跟目标的关系，并且配合文字说明。低层次的具体教学策略也可以用模式框图来表示活动的具体步骤和相互联系。此外还可以用产生式系统或算法表示。

产生式系统是由美国的纽厄尔和西蒙提出的。这种方法是用一系列由条件（Condition）和活动（Action）组成的C—A产生式构成的产生式系统来表示活动过程。它突出了活动对条件的依赖关系，能更好地体现教学设计连接教学理论和教学实践的桥梁作用。

算法是为完成一定的教学任务而规定的教学活动程序的活动指令系统，类似于用高级程序设计语言编制的计算机程序。因此，有些作者就借用程序框图形式来表示。算法的可操作性很强，但策略思想表达不明显，所以主要适用于表示具体教学策略。

第七章 体育教学设计总论

第一节 体育教学设计的基本要求

一、体育教学设计的基本要求

体育教学设计的根本目的是提高体育教学工作的质量和效率，培养社会所需要的高素质人才。为此，体育教学设计必须满足下列基本要求。

(一) 有利于提高学生素质

劳动者素质是国家在竞争中取得有利地位的重要条件。青少年是未来劳动者，青少年素质是综合国力的要素之一。体育教学应该在全面发展总方针指导下致力于提高学生素质。不但注意提高学生的科学文化素质，而且要注意提高他们的生理心理素质和思想品德素质。使他们不但具备认知能力，掌握体育科学的基础知识以及信息收集和处理技术，而且具备个人能力，能独立思考和解决问题，善于表达和交流，有自律意识和责任感，有理想，能灵活地适应社会环境和社会发展。为此，不但要重视学习的结果，更要重视学习的过程。在体育教学设计中不但要着眼于全面地提高学生素质，做好教学目标的设计，帮助学生完善知识结构、能力结构和品德结构，而且要重视做好教学情境设计和教学过程设计，重视过程的科学性、艺术性和有效性，重视通过试验和预测保证教学设计方案能在实施后取得良好的效果。

(二) 有利于推动体育教学改革

在进行体育教学设计时，要以改革的精神进行体育教学设计。要注意更新教学内容，改善课程结构，加强与社会和生活的联系，加强学科间的联系和综合，要注意改进教学组织形式，改革教学方法，革新评价观点和方法，探索有效的教学结构和教学模式，实现教学手段现代化。为了搞好体育教学改革，要积极地学习、研究教学理论，并且创造性地把先进的教学理论应用于教学设计。

(三) 坚持从实际出发

在教学设计中应用、贯彻教学理论时，力求理论与实践的统一。为此，在教学设计之前除了要认真学习、掌握教学理论以外，还要认真研究教学的实际条件。特别要认真研究学生的学习准备状况，包括他们的知能基础、情感、动机水平和认知风格等特点，准确地把握教学的起点、潜能和可能性。还要做好教学目标、教学任务和教学内容的分析，把握好教学方法、教学策略和教学手段的应用条件与有效性,以科学的效果预测为前提,根据实际情况巧妙构思,认真地进行艺术的加工和创造。

(四) 便于使用和推广

为了使教学设计在改进体育教学、提高教学质量方面发挥更大的作用,除了要积极地宣传、推广外,还要注意加强可操作性,围绕关键问题建立合理的规范,保证能够实现主要构思,取得预期效果。同时,又要注意教学设计内容简明扼要、提纲挈领,留有机动应变和创造的空间。

二、体育教学设计的基本原则

为了满足体育教学设计的基本要求,在教学设计中应注意贯彻下列一般原则。

(一) 理性与可操作性统一原则

体育教学设计要制订出可实施的操作步骤和方案,必须以先进的、可靠的理论为基础。只有这样,才能使先进的教学理论在规范教学实践、提高教学质量方面发挥实际作用,增加自觉性,有比较坚实的基础。也只有这样,才能使教学设计真正作为连接教学理论和教学实践的桥梁,促进教学理论和教学实践的统一。

(二) 整体设计与要素设计结合原则

在教学设计中,要抓住教学系统的主要组成部分,做好各要素的设计。因此,在教学设计中,还要在要素设计的基础上,做好整合和整体优化工作,使各要素处于相互匹配和最佳组合状态。

(三) 静态设计与动态设计结合原则

教学系统的起始状态和目标状态是不同的。为了达到目标状态,常常还要设置若干中间状态。这就需要做好起始状态、目标状态和中间状态的设计,确定系统静态时的各种变量。另外,教学系统只有通过运行才能实现其功能,所以还要做好系统的运行设计即动态设计,包括各要素的运动方式、过程、途径、方法等。

(四) 施教主体与学习主体协调原则

教学系统是包含着两种主体的复杂系统,教学系统的运行过程既是施教主体的施教过程,又是学习主体的学习过程。要使教学系统处于良好的状态和取得良好的教学效果,就必须设计好教学系统的结构,使施教主体与学习主体相互协调。

学习效果决定着教学效果。以使学习主体能够主动地学习并正确掌握学习方法作为施教目的,教学活动才能够取得最佳的教学效果。因此,在合理的教学结构中,学习主体地位应该得到充分的尊重和保证。另外,由于学习主体正处于发展、成长过程之中。作为设计主体的施教主体应注意采取有效的措施引导学习主体主动地学习,保证学习活动顺利完成和取得预期的效果。

（五）规范性与创造性统一原则

设计的本质是为了可重复制造某种新东西，事先创造一种模式、模型或者观念结构的活动。规范性是现代教学设计的重要特点。只有进行规范的设计操作，才能保证对复杂的体育教学系统作出高质量设计，并且有较高的工作效率。

然而，根据教学规律构思新的教学原理（或假说）是一种创造，应用教学原理（或假说）去设计教学方案，使一般的、抽象的原理（或假说）变成特殊的具体的东西，则是再创造。因为这时需要解决在构思原理（或假说）时尚未解决的一系列实际问题，要在原理这个"主干"上添"枝"加"叶"。

教学设计的规范性和创造性都具有必然性，两者是可以统一的，也应该是统一的。

（六）最优化与可行性统一原则

系统工程方法要着眼于全局，综合考察各种因素，达到整体最优。现代教学设计应用了智力系统工程方法，最优化是其基本出发点和基本原则之一。

但是，在进行最优化抉择时，不仅要进行全面比较，还要兼顾长远的效益，要有发展价值。要充分考虑实施设计方案的各种主、客体条件，例如师资水平、学生准备状态、教学设备以及技术、经济和管理等方面的条件，选择简单方便、节省时间、投入少、应用范围广、适应性强、派生作用大、有推广价值又易于推广的最佳方案，使方案的最优化与可行性统一起来。

第二节　体育教学设计的基本方法和程序

一、体育教学设计的基本方法

体育教学设计方法是由体育教学的规划方法、构思设计方法、试验方法、预测评估方法等组成的复杂方法体系，其基本方法乃是以系统方法为基础的系统教学设计方法。

系统方法是按照系统科学理论，把研究对象作为系统，从整体与要素、整体与环境、要素与要素的相互联系、相互作用、相互制约关系中综合地考察、把握研究对象，来有效地解决认识和实践问题的方法的总称。它主要包括系统规划方法、系统分析方法、信息方法、控制方法、反馈方法、"黑箱"方法、系统决策方法等方法，是认识、调控、改造、创造复杂系统的有效手段，具有广泛的适用性。

运用系统方法进行设计活动，大体上包括六个步骤：

（1）明确问题，调查情况：确定要解决的问题和相应的任务，收集、研究各种有关因素的资料，为以后的工作提供可靠依据。

（2）设定目标：根据问题和任务提出所要达到的具体目标。

（3）选择或设计模型：作出系统的整体结构规划和设计。

（4）系统分析：把系统适当地分解为若干要素（子系统），对它们分别进行设计。

（5）系统综合：把对各要素（子系统）的局部设计按照系统结构设计方案进行综合并作适当调整，形成系统的整体方案。

（6）优化和决策：进行科学预测和评估，在若干备选方案中选择出最优的方案。

系统教学设计方法是系统方法在教学设计领域中的应用。它的基本点是着眼于全局，综合考虑各种因素，以达到整体优化。其特征是整体性、动态性、最优化、模式化，有一定的工作程序。

二、体育教学设计的程序

体育教学设计过程大体上可以分为设计准备、构思设计和评估优化三个主要阶段。每个阶段有不同的工作内容。就课时教学设计和单元教学设计来说，各阶段的主要工作如下所示。

（一）设计准备阶段

（1）教学任务分析。

（2）教学对象调查与分析。

（3）教学内容选择与分析。

（二）构思设计阶段

（1）课程结构。

（2）各部分的目标。

（3）为达目标所选用的内容和教学方法。

（三）评估优化阶段

（1）教学效果的预测。

（2）教学方案评估与选择。

（3）教学方案的调整与优化。

第八章 体育教学设计分论

第一节 体育教学设计的准备工作

体育教学设计的各种准备工作构成了体育教学设计的前期准备阶段。在这一阶段，设计者主要应弄清教学的起点、终点、条件以及构思设计原理，初步作出方案设想并估计其实现的可能性。

一、教学任务分析

根据课程教学大纲和课程教学计划、学期（学年）教学计划等高层次教学方案，主要弄清在满足社会需要，促进学生的品德、智力、情感、意志、动机全面地健康发展和形成体育知识、技能等方面当前教学活动的任务是什么。在满足学生的内部需要方面，又有哪些迫切任务。要考虑到教学对象特点，为本教学阶段（单元或课时）选择最重要的、具有特殊迫切性（在其他教学阶段难以安排）和具有现实可能性的任务。在确定教学任务时，要力求全面，还要注意负担合理、能跟其他阶段的教学任务协调和配合。

最后，还要把综合确定的任务适当地分解成比较具体的任务。

二、对学习主体进行调查、分析

通过观察、研究教学档案，跟学生谈话、教师会商等方法主要了解以下内容：

（1）学习主体的学习准备状况（起始状况），包括完成学习任务所需要的身心发展成熟情况；知识技能基础是否具备、水平如何（是机械记忆水平，还是理解、应用、综合运用或者融会贯通水平）以及学习动机基础的构成情况。

（2）学习主体经过努力可以达到怎样的状态和水平（最近发展区）。

（3）学习主体的特点。包括：①感知特点（是听觉型、文字视觉型、实物视觉型、动觉型还是综合型，是被动知觉型还是主动观察型，是具体描述型还是概括印象型，是粗略型还是精确型，以及对信息反应度的要求等）；②思维和认知风格（是依存型还是独立型，是内向型还是外倾型，是求同型还是求异型，是冲动型还是省思型，是整体型还是分解型，是程序型还是随意型，是实验型还是理论型，是归纳型还是演绎型，是形象思维型还是抽象思维型或者混合思维型，是敏捷型还是慢智型等）；③表象和记忆特点（是直观形象型还是抽象概念型，是视觉表象型还是听觉表象型、运动表象型或者混合型，是机械型还是灵活型,是稳定型还是多变型)等认知特点。

此外,还要了解学习主体的情感发展水平、情感需求和情感特点(是否需要经常受到鼓励与安慰,能否控制和调整自己的情绪,是易于满足还是难以满足等);性格特点(是喜静型还是好动型,是独立型还是交际型,是内部控制型还是外部控制型,是细致型还是粗心型,是喜新型还是恋旧型,是朴实型还是浮华型,是封闭型还是开放型,是果断型还是优柔型,是坚强型还是软弱型、脆弱型,是稳定型还是多变型,是自信型还是自卑型,是理智型还是情绪型、意志型等);态度特点(是认真型还是马虎型,是勤奋型还是怠慢型)以及行为习惯等非认知特点。

由此进一步确定在促进学习主体发展方面的任务、基础和条件,确定在学习主体的状态和特点中有利于完成教学任务的因素和不利于完成教学任务的因素。

在对学习主体进行调查、分析时,既要注意了解群体的一般特点、主流特点,又要注意了解个体的差异和典型情况。

三、教学内容的选择和分析

根据教学任务、学科特点、学生特点以及高层次教学方案的整体安排来选择教学内容。通常要对教科书和其他教学材料作如下分析:

(1) 选择的教学内容在完成教学任务方面各具有哪些价值或者潜在价值;有哪些认知意义、实践意义、社会意义;有哪些思想品德教育意义、美育和情感教学意义、学科知识训练意义;有哪些关键性的发散点;教学内容的深度、广度是否适宜,要不要调整,需要作出哪些调整。

(2) 教学内容各部分和整体的教学要求是什么,是否符合学习主体的发展特点和可能性,学习主体可能作出哪些反应,产生哪些学习困难等。

四、教学条件和教学资源的调查和分析

初步确定完成教学任务需要哪些外部条件,了解这些外部条件是否具备,若不具备有无替代办法或者能否自己制作。

确定完成教学任务需要多少时间,教学计划规定的时间能否满足需要,若不能满足要求如何作出调整。

调查在外部环境中有哪些教学资源可以利用,考虑如何用好外部教学资源。

五、选择教学理论

熟悉并选择作为设计基础的教学理论(或假说),根据其中包含的概念和教学规律以及已有的经验,初步构思教学系统赖以运行的基本原理,由理论原理制定相应的要素和行

为规则并估计其实施的可能性和效果。

六、综合决策

综合考虑上述诸因素作出适当调整，确定教学任务、教学内容和教学理论基础。

第二节 体育教学目标设计

一、教学目标的意义和分类

目标跟目的词义相近，常常通用。自从布卢姆等人对教学目标进行明确界定并被广泛接受之后，教学目标就有了特定的含义而跟习见的教学目的有所不同了。

什么是教学目标？按照布卢姆的意见，教学目标是指"明确阐述通过教育过程使学生得以变化的方式，即学生改变其思维、感情和行动的方式"，"是作为教育经验结果的个体所发生的变化"。教学目标描述的是教师预期通过教学活动使学生发生的变化，它是以学生为中心的，不涉及教师的活动和教学方法。教学目标是用学生的行为方式来描述的，这些行为能表示主要的教育结果，是能够观察和描述的。此外，教学目标是对具体教学内容进行规定的行为目标，能够形成教学内容的明细规格。

通常所谓教学目的跟教学目标的不同在于：

（1）教学目的应该包括教与学两方面。实际上，它常常只是对教师提出的要求，例如"培养和发展学生的观察能力与思维能力""进行辩证唯物主义教育"等。

（2）教学目的描述的教学结果常常难以具体地观察和描述，因为它常常使用抽象词汇以及"比较""初步""进一步"等不明确的模糊词汇来描述。

（3）教学目的有时描述的是教学过程而不是教学结果。

（4）教学目的联系的教学内容比较概括，不像教学目标那样具体、细致、明确。

可见，在进行现代教学设计时，应该注意到教学目标与教学目的的差别。教学目标是教学目的中"学"的部分的具体化，教学目的是教学的总的终结性目标的概括。由于教学目标比较具体，一般说来，它主要适用于单元教学设计和课时教学设计的情况。

在教学设计中明确地提出教学目标，有利于明确教学工作的方向、做好教学过程、教学评价的设计，也有利于以学生为学习主体发挥教师的主导作用。这种意见有一定道理，值得认真思考。其实，它正说明了做好其他环节教学设计，使教学目标融入和体现在教学设计方案中的重要性。

由于教学目标是具体的，对应于某一具体内容也可能提出各不相同的教学目标。为了揭示其规律以更好地指导教学实践，有必要对各种各样的教学目标进行分类。

布卢姆等人最早提出教育目标分类学说，把教育目标划分为认知、情感、操作或运动技能三个领域，并且把各领域教学目标划分为不同的类、亚类、次类等层次。这一学说产生的实际意义使得布卢姆教育目标分类学迅速传播，产生了很大的影响。

借鉴布卢姆的教育目标分类思想，国内不少人对体育教育目标的分类进行了研究。研究的中心问题一是领域的划分，二是各领域中的层次划分。

关于领域的划分，考虑到知识学习跟心智技能的紧密联系，布卢姆把它们合并为认知领域，把动作技能单独作为一个领域。由于目前对动作技能领域教育目标尚没有比较一致、被普遍认可的分类方法，而在高层次体育学习（例如综合运用和创新）中，认知活动往往跟实验操作融合在一起，因此可以把认知领域和动作技能领域合并称为知能领域，并且统一进行分类。这样做可以避免动作技能分类的困难，给实际的分类操作带来方便，还可以使领域数目不至于过多。

根据社会需要和体育教学系统的功能，体育教学目标应该既要有体育知识能力方面的，又要有情感方面、思想品德方面和适应社会生活需要方面的。在进行体育教学设计时，除了规定体育知识能力目标外，还应提出情感意志和态度行为目标、思想品德和美育目标以及职业定向、人际交往和其他方面的社会生活目标。只有这样，才能有利于全面提高学生素质，实现由应试教育向素质教育的转变。

关于各个领域中的层次划分，研究主要集中在认知领域或知能领域。大多数人认为，把认知领域教学目标分为知道、领会、应用、综合运用和创新等层次，比较适合我国中小学体育教学的实际，容易被广大的教师接受和掌握。这方面的研究还需要继续深入。例如，对每一层次给以恰当的定义，并进一步划分亚级、次级层次，以便广大教师掌握和取得共识。

至于情感领域（或情意态度领域）教学目标的分类，由于分类问题是一个理论问题，它对我们在教学工作中制定该领域实际的教育目标没有直接的影响。随着实践经验的丰富和研究的深入，这个问题最终是会得到解决的，其他领域教育目标分类的情况也大体如此。

因此，虽然《体育与健康课程标准》把学习领域目标划分为运动参与、运动技能、身体健康、心理健康、社会适应五个领域目标和六级水平目标，但是我们只要遵循体育的本质特征——身体运动，就能很好地把握课程标准的理念。

运动教育模式目标介绍：西登托普（D. Siedentop）1985年正式开创了运动教育模式的课程模式，它用较多时间集中教授一项竞技性运动项目。它包括10个相互关联的目标：①教学生运动技术以及发展学生完成这些技术所需的身体素质；②能够欣赏和运用战术；③参与体育活动；④学生能够计划和管理这项竞技活动；⑤使学生能够作为领导、具备领导的才能；⑥能够与同伴合作；⑦尊重传统；⑧具备组织、安排本项目竞赛的能力；⑨学会本竞技项目的裁判和训练工作；⑩能在课外参与体育活动。

二、体育教学目标的设计

根据教学系统的层次，教学目标有课程目标、学期（学年）目标、单元（课题）目标和课时目标之分。一般说来，课程目标、学期（学年）目标比较概括和抽象，以称为教学目的为宜。单元（课题）目标和课时目标比较具体，是讨论教学目标设计时的主要对象。

在为单元（课题）教学和课时教学工作制定教学目标时，首先要了解本单元或本课时在体育知能以及心理品质和思想品德方面的教学任务，确定最重要的任务是什么，然后对任务进行分解，使教学任务具体化，在确定教学内容并且认真阅读、研究教材的基础上，列出全部教学要点、把握教学重点。接着在了解和研究学生以及班集体的学习特点和学习基础上，对教学任务、教学要点及教学重点作适当的调整，拟订各教学要点应达到的教学水平，制订出具体的教学目标。

在制订教学目标时，要注意教学目标的重要性和必要性。当教学目标较多时，应优先选择既重要又具有关键性、迫切性的教学目标，并对其余目标作出妥善的计划调整和安排。

制订教学目标时还要注意教学目标实现的可能性。各教学要点的教学目标不一定都要达到最高层次，通常应选择能促使学生作出努力并且经过努力可以达到的层次要求。较高层次教学目标一般要由低到高、分阶段、有计划地实现，或者说，要设立若干必要的中间目标。要从学生的实际情况出发，为高层次教学目标的实现设计合理的台阶和步骤。急功近利，企图"毕其功于一役"，片面地强调高层次训练，只能适得其反。

要注意各类教学目标之间是相互联系、相互促进、相互制约的。这使它们组成了完整协调的教学目标体系。认知可以改变情感，情感能影响认知，高层次认知需要高层次情感支持。智力因素和非智力因素需要相称、对应地发展。在提出认知目标的同时，还应考虑情感、意志、态度、行为以及思想品德等方面的目标，注意培养学生的学习兴趣、意志、科学精神和科学态度。

在制订教学目标时，还要注意因材施教。既要注意班级全体学生和学习基础较差、水平较低学生的特点，面向全体学生制定出基本的教学目标，又要针对学习基础较好、水平较高的学生提出适当的高层次要求，使教学目标体系具有一定的弹性，以便挖掘学习潜力，使全体学生都能充分地发展。要使教学目标比较明确，易于正确地理解和操作，需要注意表达的规范性。

按照布卢姆的意见，一个表述得当的教学目标应该具有加涅等人总结的4种成分：①能引起学习者作业的刺激情境（说明在什么情况下）；②可观察的行为的行动词语（说明学习者怎么做）；③学习者行动指向的对象（说明学习者做什么）；④作业的特征，用以判断作业的正确性（说明做得怎样才符合要求）。

三、目标教学的程序

目标教学要求明确教学课程目标、单元目标和课时目标，强调以可操作性和可评估的行为或指标表述教学目标，强调知识、技能和态度并重。在教学方法上，强调教师的引导、帮助和学生的自觉学习，鼓励学生相互纠正、自己示范讲解和分类、分层学习。完整的目标教学大致包括学前诊断性测试—确定教学内容和标准—精讲示范难点重点—学生练习—课时目标测试—反馈矫正—练习—课时目标达成度测试—形成性测试——期末测试等步骤。

四、体育教学目标设计举例

（一）体育与健康课程目标

通过体育与健康课程的学习，学生将有以下几个方面的改变。

(1) 增强体能，掌握和应用基本的体育与健康知识和运动技能。

(2) 培养运动的兴趣和爱好，形成坚持锻炼的习惯。

(3) 具有良好的心理品质，表现出人际交往的能力与合作精神。

(4) 提高对个人健康和群体健康的责任感，形成健康的生活方式。

(5) 发扬体育精神，形成积极进取、乐观开朗的生活态度。

（二）领域目标

1. 运动参与目标

(1) 具有积极参与体育活动的态度和行为。

(2) 用科学的方法参与体育活动。

3. 运动技能目标

(1) 获得运动基础知识。

(2) 学习和应用运动技能。

(3) 安全地进行体育活动。

(4) 获得野外活动的基本技能。

4. 身体健康目标

(1) 形成正确的身体姿势。

(2) 发展体能。

(3) 具有关注身体和健康的意识。

(4) 懂得营养、环境和不良行为对身体健康的影响。

5. 心理健康目标

(1) 了解体育活动对心理健康的作用，认识身心发展的关系。

(2) 正确理解体育活动与自尊、自信的关系。

(3) 学会通过体育活动等方法调控情绪。

(4) 形成克服困难的坚强意志品质。

6. 社会适应目标

(1) 建立和谐的人际关系，具有良好的合作精神和体育道德；

(2) 学会获取现代社会中体育与健康知识的方法。

第三节 体育教学策略设计

教学策略的形成需要逻辑思维参与，但它不只是逻辑思维的结果。创造性思维中的非逻辑思维活动，例如直觉、灵感等，在教学策略的形成中常会起到关键性的作用。

直觉实际上是一种再认识，一个人只有对非常熟悉的东西才会有直觉。而灵感实质上是由偶然因素诱导、触发的经验的迅速迁移和重组。教师制订教学策略的直觉和灵感依赖于自身的知识经验丰富程度以及他对知识经验的概括和内化水平。教师的策略意识、策略素养和创造精神对教学策略设计及其水平有很大的影响。

一、高层次教学策略的设计

高层次教学策略（教学思想）的制订比较多地依赖逻辑思维。通常，在对教学任务、学生情况和教学条件进行分析和研究之后，设计者就可以自觉或者不自觉地依据某种教学理论（或假说）从总体上形成（或选择）某种教学思想。

二、中层次教学策略的设计或选择

在教学思想形成之后，以重点内容的教学为主线，同时顾及难点的解决，把全部教学内容组织起来，按照教学思想确定教学的逻辑阶段以及各阶段间的联系，并且用适当的方式来描述，就形成了中层次教学策略（教学模式）的设计。

对大量的具体教学模式进行概括，可以得到体育教学的一般模式。这样，在设计中层次教学策略时，可以在常用的一般教学模式中选择适宜的教学模式。常用的体育教学模式有以下几种。

（一）传授——复现模式

教师以讲解示范形式传授教学内容，学习者通过思维和模仿练习来体会、教学内容，使之纳入自己的认知结构，通过模仿、复现学过的问题解决模式来解决问题，以求概括、形成学习的经验和体验。

（二）引导发现模式

通过引导，组织学生开展发现性学习活动，使学生形成解决问题的过程经验、体验以及体育知识技能。教师通过引导、参谋作用,使学生减少失败和无效学习的可能。

(三) 问题解决模式

引导学习者形成问题,运用已有知识经验提出假设,通过反复练习,对假设进行检验,使问题得到解决。通过问题解决使学生学习体育知识技能并逐步概括、形成学习的经验和体验,其模式有不同形式。

(四) 集体学习模式

在学习者个体学习活动的基础上,组织学习者集体讨论、交流活动,用集体的感知来丰富个体的感知,用集体的讨论来活跃、改进个人的动作,用集体的概括来修正、丰富、强化个人的概括,通过学习者之间的交叉反馈来强化、矫正、补充个体的学习结果。

(五) 归纳逻辑模式

在教学个别案例的基础上,用逻辑的归纳方式进行推论并组织验证活动,然后进一步概括,形成新的知识经验。

(六) 演绎逻辑模式

在学习者掌握前提知识的基础上,用逻辑的演绎方式进行推理并组织验证活动,使认识进一步丰富、深化和概括化。

(七) 目标教学模式(掌握教学模式)

使学生一开始就知道教师期望他们做什么,使他们明确学习的目标,更好地参与教学活动,通过达标情况检测,进一步组织补救性教学,保证每一个学生都能达到预定的教学目标。

(八) 情境教学模式

通过创设某种情境(例如问题情境),使学生主动地进行学习和探索活动。

实际上,在选择教学模式之后,常常要根据具体情况对选择的一般教学模式作变通处理。有时,还可以对不同的教学模式作"剪接"组合,形成一些复合的教学模式。例如复现—探索模式、归纳—演绎模式等。

第四节 体育教学情境设计

教学情境能对教学过程起导引、定向、调节和控制作用。教学情境设计是教学过程设计的重要内容之一。

教学情境设计,就是教师出于教学目的的需要,依据一定的教学内容,创造出某种认知情境和情感气氛,用以激发学生的学习动机从而进行生动活泼的教学。

生理心理研究表明,良好的情境能使人产生愉快的情绪,提高大脑的活动效率。不良的情境会使人注意力难以集中,从而干扰认知过程,降低智力活动的水平。所以,在课堂中创设积极良好的教学情境非常重要。教育家赞可夫就认为:"智力活动是在情绪高涨的气氛中进行的,这种气氛会给教学带来好处,同时有助于完成教育任务。"

体育教学情境设计通常有以下几种。

一、以"理"入境

说明某一学习内容在教材中所处的地位,学习的作用和重要性,向学生展示学习的目标,使学生明确学习的目标要求,与教师一起共同努力,达到学习的目标。

二、以"趣"入境

"知之者不如好之者,好之者不如乐之者"。浓厚的兴趣会使学生产生积极的学习态度,并以渴望和愉快的心情去学习、探究。

体育兴趣实验能以鲜明、生动、直观的现象与意想不到的结果有效地激发学生的兴趣,使他们产生探究的动机,例如,将保龄球、高尔夫球加工后引入课堂。

三、以"疑"入境

"不愤不启,不悱不发",教师善于设置疑问,创设问题情境,不仅可激疑启思,活跃思维,而且能在解决问题的过程中培养学生的各种能力。

在体育教学中,通常可以采用以下方法创设问题情境。

(一)难度创疑

克服难度、战胜对手是体育的特点,是学生对体育产生兴趣的主要源泉,它能有效地提供激起矛盾的新刺激,引起学生注意,从而产生探究的愿望。

(二)对比生疑

每位学生都有自己的知识结构,当新事物与已有的知识结构对比时,若相同,就会被纳入原来的结构;若不同,则会产生疑问。

(三)以谬生疑

在教学过程中,教师稚化自己的思维,模仿学生的错误思维方式,进行练习,当产生不合理的技术动作时,极易使学生产生疑问,并努力探究错误之源,深刻地认识问题。

四、以"情"入境

以情感人,是人际交往的常用方法,也是教师创造教学情境的重要手段。教师利用语言、表情、动作等表达自己的情感、情绪,当这种情感、情染学生,引起师生共鸣时,就会吸引学生的注意力,使学生很快地达到良好的教学效果。

(一)生动叙述生情

生动叙述是创设教学情境的最基本、最常用的方法。教师以丰富的寓于形象化的叙述之中，能以师情激生情、以师心动生心。

（二）触景生情

人的情感是在一定的情境中产生的。以丰富多彩的景象代替抽象的语言，常常更容易使学生产生共鸣，吸引他们探索自然和科学的奥秘。教学情境的产生可以由教师组织学生参观、调查而得，也可以通过幻灯、录像、电影等电教媒体产生。

（三）讨论生情

学生在学习过程中，不仅接受教师对他的感染，也可在同伴间相互感染。良好的群体风气、课堂教学中的愉快、求知、勤思、民主的氛围，会诱发学生丰富的情感体验，对认知起到积极良好的作用。

讨论是一种生动活泼的教学形式，积极和谐的讨论气氛，可提高学生学习的积极性和主动性。

创造良好的教学情境，除灵活运用上述方法外，还要注意以下几点：

（1）准确把握教材的实质内容和感情基调，内容不同，教学情境的设计方法不同。

（2）准确把握学生的心态变化，只有注意到学生的"期望"和"满足"心理，才能创设出符合这一心理的教学情境。

（3）教师要用真情实感去感染学生，缩小与学生间的心理差距，经常用学生的眼光看世界、看问题，这样才能真正发挥感染和移情作用。

第六节 体育教学活动设计

一、体育教学活动的意义和组成

体育教学活动是体育教学系统运行过程中施教主体、学习主体分别作用于其他要素，以及两主体双向互动所采取的行动的总称。简单地说，体育教学活动包括教师的施教活动、学生的学习活动以及教师和学生为了搞好教学在课内构建相应的人际关系的活动。

教师施教的基本活动有讲解示范、组织和指导学习活动、检查学习效果和向学生提供学习反馈信息等。学生学习的基本活动有听课、观察、思考、练习等。

结构化的教学活动能具体地体现和贯彻教学策略，是使抽象的理论变成具体实践的关键，也是教师进行教学的艺术创造和科学创造活动的重要领域。它关系着教学目标能否实现、教学任务能否完成及教学目标实现和教学任务完成的程度、质量和效率。体育教学活动设计是自觉地搞好体育教学的重要环节之一。

二、体育教学活动设计的依据

体育教学目标、学生的学习准备状态、体育教学的特殊规律以及相应的教学策略设计是体育教学活动的设计依据。

体育教学的根本目的是使学生的认知结构、心理结构、品德结构等发生预期的变化，是学生发展状态的积极变化。因此，设计体育教学活动时必须清晰地了解目标状态和起始状态。这意味着体育教学活动设计要以教学任务分析和学生情况分析等准备工作为基础。

体育教学要解决的问题多种多样，而体育教学活动是解决体育教学问题的手段和途径。体育教学活动的设计不仅要依据一般的体育教学规律，而且要依据特殊的体育教学规律。例如，知识性课题的教学活动必须依据知识的形成和掌握规律来设计；技能性课题必须依据技能的形成规律来设计；行为规范性课题必须依据行为规范及其接受规律来设计。只有这样，才能使体育教学活动设计发挥应有的作用。

体育策略为体育教学由起始状态到达目标状态作了原则的规定和粗略的总体规划，决定着体育教学活动的结构，为体育活动设计提供了直接的工作基础和依据。

三、体育教学活动设计的原则

体育教学活动设计原则反映了搞好体育教学活动和体育教学活动设计的客观规律。在设计体育教学活动时，应注意遵守。体育教学活动设计原则主要可分为以下几个方面。

（一）力求师生活动协调

一般说来，教师是教学活动设计的主体，为了提升教学活动的效率，必须做到以下几点。

（1）设计主体充分认识和体现学生在学习中的主体地位，认识和体现"教依据于学、学受教指导"的辩证关系，认识发挥教学双方主动性、积极性的重要性，且正确地认识教的主动性和学的主动性。所谓教的主动性应该体现在主动地认识和探讨学生学习的规律性，深入了解学生状况，恰当地规定教学目标，选择教学材料，组织教学过程、设计教学方法，努力引导学生主动和积极地学习。在接受指导和掌握学习规律的过程中，逐步加强自我调控学习活动的能力，取得学习的"自由"。

（2）特别注意学习活动的设计以及教与学的协调。作为设计主体的教师，在深入了解学生的基础上作心理角色置换，即把自己作为学生设身处地构思、审视教学活动设计并作出相应的调整。实践证明，这是一个有效的措施。

（3）根据体育教学的具体规律，建立相应的工作规范。例如，在设计教师的讲授活动时，考虑学生此时是以听为主，还是以练习为主，或者以思考为主；如何使学生听得清楚、有兴致、愿意听，能保持注意力、不易疲劳；如何引导学生的思维活动，使他们顺利地理解教学内容及其结构，掌握重点；如何使学生产生预期的情感，形成情感体验，达到情感教育目的；如何用示范、表情、手势和其他副语言行为配合，增强讲授语言的效果；如何便于指导学生做好练习，指导他们协调听、练、看、想等活动；如何根据学生可能的反馈信息机动地应变调整。在设计教师展示、演示和放映影像活动时，要考虑到学生应该看什么、怎么看；怎样指导学生观察，使他们明确观察的目的、内容和方法；怎样使学生把观察跟思考结合起来；怎样进一步展开讨论等。

（二）力求科学性与艺术性统一

教学活动的科学性主要表现在自觉地用教学规律作指导。符合教学的科学规律，能完成规定的任务。教学活动的艺术性主要是表现在和谐、协调、新颖、巧妙和高效率，能通过项数不多的活动完成多项任务，达到多项目标，能激起主体积极的情感共鸣，使主体产生，美的感受，得到美的满足。设计体育教学活动时要以科学性为前提，以体育教学规律为基础，按照美的规律设计教学活动，积极地进行艺术创造，追求活动的协调、巧妙、简洁、富有成果和高效率。

（三）注意与外部条件和环境的协调

教学活动总是需要一定的外部条件，总是在一定的环境（包括物质环境、社会环境、人文环境）中进行。设计体育教学活动一定要注意与环境协调，还要充分利用环境中的积极因素，并且对环境施加积极的影响，其中包括充分利用环境中的有利条件来设计体育教学活动。

（四）注意活动的适度多样性

体育教学需要多种活动相互配合。同时，为了完成某一教学任务，可能采取几种不同的活动形式。教学活动多样化不但能使学生始终保持兴趣和注意力，而且能提高学生的学习效果，促进学生的发展。在设计体育教学活动时，要从教学内容的实际需要出发，从学习者的心理特点和发展水平出发，注意教学活动的多样性，并且使它有适当的难易程度。

（五）注意体育学科特点

体育教学活动应该符合体育认识过程规律。对于一般的认识过程规律来说，体育认识过程规律有其特殊性，是一般的认识过程规律不能完全地概括和反映的。作为学科教学活动，体育教学活动自然应该具有体育学科特点。只有这样，才能使学习者具体、真实地了解体育认识过程。

例如，在设计体育教学活动时，要充分注意体育实践活动、体育思维活动以及它们的相互配合，要充分注意体育语言和体育科学方法的应用。

为了体现体育学科特点，设计主体应该注意了解和研究体育学科的特点。

（六）讲求实际效果

体育教学活动设计是对在教学实践中将要进行的具体活动的预先构想。比起教学策略来说，它离实际最近，要直接地接受实践的检验，其脱离实际的潜在危险也最大。而高水平的教学活动设计甚至能弥补教学策略设计在某些方面的不足。因此，教学活动设计要特别注意从实际出发、讲求实际效果。教学经验的积累和概括化对于体育教学活动设计的质量也更加重要。

四、体育教学活动设计的内容和步骤

一项活动总是有其主体、客体、媒体，有一定的内容、形式和时空结构，有一定的目的、过程和结果。在设计体育教学活动时，除了要对各项活动的上述要素作出明确的规定以外，还要规定各项活动之间的逻辑关系以及它们的空间关系和时间关系。

一般说来，体育学习活动过程可以划分为发动—定向、感知—预备、练习—形成、再练习—巩固、应用—创新和检验—调控等阶段。在设计体育教学活动时，要相应解决下列问题：

（1）构思教学活动在什么样的情境中开始和进行，确定怎样设置教学情境？

（2）怎样帮助学生形成学习活动的定向映像，使他们大致了解学习的方向、方法、过程和目标？

（3）怎样激发学生的学习兴趣，使他们形成学习定向并作好知识、技术准备？

（4）怎样设计课的开头？

（5）怎样设计课的结尾与课的开头相互呼应（或者为以后的新课开头服务）？

（6）怎样呈现学习内容，引导学生清晰地感知学习内容，形成和明确要解决的问题并了解解决问题和学习的方法？

（7）怎样组织好对感知材料的加工活动及操作、领会、体验等活动，达到预期的状态？

（8）怎样诱导学生发生预期的行为或行为变化，使他们形成正确的认识、情感体验、行为习惯并得以发展？

（9）怎样指导学生搞好学习内容的整合和巩固活动？

（10）怎样指导学生学会应用所学内容，在解决问题的过程中进一步练习、熟练、完善、迁移、发展和巩固所学内容，使之进一步概括、内化？

（11）怎样测量、评定学生的行为和行为变化？

（12）通过哪些方式收集学生的反馈信息？通过哪些方式向学生反馈信息？

（13）怎样调控教师和学生的活动？

在设计教学过程各阶段师生活动方式的同时，还要做好教学结构设计、确定适宜的教学组织形式、空间和时间结构，确定怎样给学生提供学习帮助和指导等。

第九章 不同体育教学模式的教学设计

第一节 体育教学模式教学设计概述

一、体育教学模式

（一）概念

我国《教育大辞典》对教学模式的定义是："教学模式是反映特定教学理论逻辑轮廓的、为完成某种教学任务而设计的、相对稳定而具体的教学活动结构"。体育教学模式是指在一定的体育教学思想或理论指导下，为完成特定的教学目标和内容，对构成教学诸要素所设计的比较稳定的简化组合及其整个活动程序。

（二）构成要素

包括：第一，体育教学目标不同，决定不同的体育教学模式。任何教学模式都是指向一定的教学目标，为完成一定的教学目标而创立的。第二，体育教学模式所需要的理论和思想，而这些理论和思想是体育教学模式的基石，是实现目标所需的重要依据。第三，教学条件和应用范围。我们设计的体育教学模式在什么情况下试用或是为什么样的对象而设计，都要有教学条件和明确的范围，任何体育教学模式的完成需从条件和应用范围上出发，以适应主体的需要。第四，教学程序。为完成教学目标而采用的操作方法及手段必须符合教学原则和发展规律，以便在一定条件和应用范围下更好、更有效地完成。第五，评价。任何体育教学模式的完成需要有以之相适应的评价方法，使特定的体育教学模式达到特定的效果，让体育教学模式得到反馈，以便更好地完成下一步的体育教学模式，体现体育教学模式的优越性。

二、体育教学模式的选择

任何一种教学模式都应是一个不断变化、更新的系统，虽然某种模式一旦形成就具有稳定性，但这并不意味着其内部要素和非本质结构不发生变化。所以稳定是相对的、暂时的，而变化是绝对的，发展是必然的。随着体育教学改革的逐步深入，教学理论的发展和教学观念的更新一定会对原有模式中各要素或结构进行调整、更新，并不断注入新的内容，予以充实。对体育教学模式的选择也并不是一成不变的。体育教学模式选择的参考依据有以下几点。

（一）根据体育教学目标选择

体育教学目标既是体育教学模式的起点，也是体育教学模式的归宿。由于体育教学活动在很大程度上受教学目标主导，所以应根据不同的教学目标采取与之相适应的教学模式。

（二）根据学生发展水平选择

学生在不同年龄阶段呈现出来的生理发育水平、认知特点是不一样的，即使相同年龄阶段的学生其发展水平也有个体差异。因此，体育教学模式的选择要注意学生的接受能力和发展水平，其中应以教学模式与最大多数学生的发展水平相适应为原则。

（三）根据教学环境和教学条件选择

这里所指的教学环境和教学条件范围较广泛，包括学生人数、场地器材、教学时间和空间、教师能力等诸多因素，在教学中应根据以上因素合理选择教学模式。

三、体育教学模式教学设计的步骤

（一）确定体育教学思想

以反映一定的体育教学思想的教育理论为依据，使教学模式更突出主题思想，并具有理论基础。

（二）确认体育教学规律

从体育教学规律入手，确认有利于教学思想转化的主要规律，因为规律制约着教学过程的内在结构。

（三）确立体育教学过程结构

因为相应的结构具有相应的功能，依据教学规律确定过程结构，可实现教学思想，发挥功能作用。

（四）确定教学方法体系

不同的体育教学模式具有不同的教学方法体系，某种教学思想必须选择相应的教法体系，才能更具有可操作性，以达到模式的功能性。

（五）明确模式的主要功能

检验模式的主要功能与确认的教学思想是否吻合，是否突出主题或有特色。

（六）确定适应范围

每一种模式都有其特定的适应范围，确定其范围的目的在于使体育教学模式有较强的针对性和适应性。

（七）通过体育教学实践验证

通过初步实践调整修正模式，并反复实践以不断完善。

四、体育教学模式的分类

体育教学模式的研究产生于实现教育目的的需要,由于教育目标内涵的丰富性,教师需要通过不同的方式来促进学生的学习、成长和发展,因此也就产生了多种教学模式,并且体育教学模式由单一化向多样性以及优化、综合化发展。目前,有关体育教学模式分类很多,我们认为有以下几种基本模式(表9—1)。

表9—1 体育教学模式分类

规律	体育教学过程结构	模式
认知规律	问题假设—实验性练习—验证练习—结论评价	发现式教学模式、启发式教学模式
技能规律	整体练习—分解练习—完整串联—熟练巩固	技能传授教学模式、程序式教学模式和自学式模式
负荷规律	准备性活动—主活动—副活动—整理活动	训练式模式、活动式模式或自练式模式
情感规律	活动乐趣—学习乐趣—创造乐趣	情景教学模式、快乐教学模式
交往规律	集团组织—集团学习—集团机制—集团解散	小群体教学模式、体育课堂社会模式和合作式体育教学模式

第二节 不同类型体育教学模式教学设计的介绍

一、技能掌握式体育教学模式的教学设计

(一)含义及教学指导思想

技能掌握式体育教学模式也经常被称为"传统的体育教学模式"。因为这种模式受到教育思想的影响,它比较注重系统的运动技能传授。因此,也可以说是一种以系统教学理论为基础,主张遵循运动技能掌握的规律性来安排教学过程的教学思想和教学模式。

(二)教学过程的结构特征

教学的单元设计是以某一项运动技术教学为主线,以一定难度的达成标准来判断单元规模的,多采用中大型单元,单元内的排列主要以技术的难易度安排顺序。课程的设计以技能的学习和练习为主线,注重对技能掌握效果的评价,有人也称这种教学过程为"三段制"教学过程。

二、身体锻炼式的体育教学模式的教学设计

(一) 含义及教学指导思想

身体锻炼式体育教学模式也经常被称为"课课练教学模式",是从 20 世纪 80 年代初盛行起来的教学模式,是在重视通过体育教学进行身体锻炼,谋求学生的体质增强的教学思想下的教学模式,强调按人体活动和功能变化规律来考虑教学过程。

(二) 教学过程的结构特征

教学的单元设计也是以某一项运动技能学习为主线,与前述的第一种模式相似,然后根据所教运动技术的特点组织相应的一套身体素质练习作为锻炼身体的内容;在每一节课的后半部分,加进一个"身体锻炼"的环节,时间在 5~10 分钟,要求锻炼的内容与运动学习的练习相对应,追求身体的全面锻炼,多采用循环练习法等。

三、发现式体育教学模式的教学设计

(一) 含义及教学指导思想

毛振明又把发现式体育教学模式称为"问题解决式教学模式"或"创造式教学模式",采用这种体育教学模式时,主张通过体育教学,使学生既懂又会,并使学生通过学习运动的原理,掌握灵活的运动学习方法,提高体育教学"智育"因素。在设计这种体育教学模式时,主要遵循在体育教学中学生认知的规律来考虑教学过程。

(二) 设计要求与方法

在设计这种教学模式时,先将运动教材中有关原理和知识也行归纳和整理,组成"课题串"和"问题串",每个问题都有其验证、讨论和归纳的方法,然后将几个大的问题分别放在各节课中;课程的教学过程一般有问题提出、验证学习、集体讨论、归纳问题和得出结论等几个学习阶段,运动的学习和练习则紧密地穿插其中,多采用提问、设疑、讨论等教学方法。

四、注重发展学生主动性体育教学模式的教学设计

(一) 含义及教学指导思想

这类教学模式主张尊重学生的自主性和自发性,强调给学生以自主学习的空间和机会,使强制性的死板的教学转变为生动活泼的教学,从而提高体育教学质量,培养学生学习积极性和主动性。"主动性教学""自主式教学""自练式教学"和"学导式教学"等都属于这类教学模式。

(二) 设计要求与方法

由于激发学生主动性的途径和方法很多,因此"主动性"教学模式过程也较多,但它们的共同的特点是都有一个可以让学生发挥主动性的教学环节。有的是让学生概括教学内

容进行准备活动,有的让学生在一定程度上自选学习方法和进度,有的让学生进行自主的相互评价等。当然根据教学对象和教学条件这些环节可长可短,形式也可以灵活多样,采用的方法有小组学习、自练和使用学习卡片等。

五、快乐体育教学模式的教学设计

(一) 含义及教学指导思想

快乐体育教学模式是指让学生体验运动乐趣的一种体育教学模式,是近年在国内外的快乐体育思想下形成的教学模式。其教学思想是主张让学生在掌握运动技能和进行身体锻炼的同时体验到运动的各种乐趣,并通过对运动乐趣的体验逐步形成学生终身参加体育实践的志向和习惯。该教学模式主要是遵循运动情感变化规律来设计单元和教学课。

(二) 设计的要求与方法

由于运动的乐趣来源于多方面,因此使学生体验乐趣的教学途径也比较多样,类似的教学模式也比较多。但其教学过程的共同特点是具有一个或几个体验运动乐趣的环节,有时这些环节互相连接、层层递进,使学生能体验到运动、学习、挑战、交流和创造的多种乐趣。该模式的设计特点是,设计一个或几个体验运动乐趣的环节。这类教学模式多采用游戏法、挑战性法、集体性比赛法和小群体学习法等教学方法。

六、小群体的体育教学模式的教学设计

(一) 含义及教学指导思想

小群体的体育教学模式有时也称为"小集团教学模式",其基本思想是试图通过体育教学中的集体因素和学生间的交流的社会性作用,通过学生互帮互学来提高学生的学习主动性,提高学习质量,并达到对学生社会性培养的作用。小群体的体育教学模式充分考虑了体育教学中的集体形成和人际交流的规律性来设计教学过程。与以往为提高教学效率和进行区别对待的分组教学有根本的区别。

(二) 设计的要求与方法

小群体教学模式虽也形式多样,但一般在单元的开始都有一个分组和集体形成的过程。在单元教学的前半部分,一般是以教师指导性较强的小组学习为主,以学习活动为主。在单元教学的后半部分,一般则以学生主体性较强的小组学习形式为主,体育教师主要起指导和参谋的作用,以练习和交流活动为主。在单元结束时,一般有小组间比赛、小组总结、发表感想和全班总结等步骤。

七、情景式体育教学模式的教学设计

(一) 含义及教学指导思想

情景式体育教学模式也经常被称为"模仿式教学模式""形象教学模式"等,是一种

适应小学低、中年级学生，利用低年级学生热衷模仿、想象力丰富、形象思维占主导的年龄特点，进行生动活泼和富有教育意义的教学模式。主要遵循小学生认识和情感变化的规律来考虑教学过程。

（二）设计的要求与方法

在设计情景式体育教学模式时，体育教学的内容多是一组身体练习，采用小单元教学较多。在课程的教学过程中一般有一个"情景设定"，或由一个情景来贯穿整个单元和课的教学过程。如"上花果山""夏令营""猴子运动会""小八路送情报""冲破封锁线"等，让学生学习和练习用情景串联起来的各种运动，多采用讲故事、情景诱导、保护与帮助的方法。

八、成功体育教学模式的教学设计

（一）含义及教学指导思想

成功体育教学模式是近年来国内"成功体育"教学思想指导下开始逐步形成的教学模式。它是一种主要面向学习有困难的学生，主张让每个学生都体验到运动学习乐趣，积累小的成功为大的成功，以形成学生从事体育运动志向和学习自信心的教学模式。其特点为：①主张让学生多体验成功但不否认过程中的失败；②既强调竞争的作用也重视协同的作用；③主张将相对的评价与绝对评价相结合；④主张营造温暖的集体学习氛围；⑤强调既懂又会的学习效果。

（二）设计的要求与方法

其教学过程结构的特点是在单元的前期和后期都有一个经过改造过的练习或比赛方法。这些方法多采用"让位""相对评价"等手段将练习和比赛变成一个使技能好坏的同学都能参加和享受到成功乐趣的活动。通过这些环节使每个同学都有一个针对自己条件的努力目标，帮助学生建立起学习自信心，最大限度地激发学生的学习积极性。

九、合作式教学模式的教学设计

（一）含义及教学指导思想

合作学习是在体育教学中经常用到的一种体育教学模式。在课堂教学中教师可以采用游戏活动、集体性的运动来培养学生的合作意识和行为，充分发挥合作双方的优势并进行互补，是合作学习的最基本的方法。从双向合作来分析，优势互补可以体现在多个方面。如技能优势与体能优势的互补，技能优势与意志品质优势的互补，基本技术优势与战术优势的互补。在进行这一种组合练习时，最好的方式是让学生自己组合，教师可以不参与在其中。这样，既能提高学生的参与度与责任心，又能发挥教师的指导、示范作用。

（二）设计的要求与方法

（1）导入兴趣。作为课的开始部分，调动学生的学习兴趣是关键，必须从学生现有的认知水平入手，寻找切入点。

（2）建立表象。通过图示，分解示范，帮学生建立初步印象。

（3）独立思考。

（4）小组合作。合作学习一般分为3种类型：①两人之间的互助合作学习（又称同伴之间的合作学习）。在体育教学的实践过程中，两个好朋友搭配是这种典型形式的合作学习，这种合作学习形式易于组织，且教学效果比较理想。②小组合作学习。根据不同的教学内容采用不同分组模式。如，可采用稳定分组、阶段分组或随机分组。教师在学生进行小组合作活动时是一个指导者，除了要根据实际情况进行分组，为学生营造一个愉快的合作学习环境的同时，重要的是要随时观察学生学习情况，监控学习的过程，对学生合作技巧的运用给予及时的指导，调控学习任务，督促学生尽快完成学习任务。特别是对弱势学生的指导与帮助显得尤为重要。

第十章 小学体育教学实践

第一节 小学田径教学

　　田径是小学体育教学的主要内容之一，其中包括跑、跳跃、投掷等各项人体的基本活动，但它又不是人体纯自然的活动，是经过加工、具有特定技术要求的运动项目，是最简单、自然的田径基本动作和儿童生活中的实用技能，是小学生进行身体锻炼的主要内容和手段。因此，虽然是田径，但在小学水平一阶段（1～2年级）将具有田径运动特点的跑、跳跃、投掷教材归为基本活动内容；小学水平二阶段（3～4年级），开始单独列项为跑、跳跃、投掷，并与游戏相结合；小学水平三阶段（5～6年级），以"田径"教材出现，虽与田径运动项目名称一致，但它的教材内容仍然是一些较为简单的跑、跳、投动作，它没有过细的运动技术教学，也没有过严的动作要求，不强调教材的项目体系。短跑和中长跑在小学是按快速跑、耐久跑划分教材性质，教材的内容与形式突出了田径教学的多样性、游戏性、趣味性和实用性特点，注重学生学习目标的全面达成。以下针对小学快速跑、耐久跑和跳远的教学，提供三个教学案例，以帮助了解小学田径教学的一些特点、要求和方法，供将来从事小学田径教学时参考。

一、小学快速跑教学

　　快速跑是小学阶段发展速度的重要内容和手段，是跑的重点教材。站立式起跑、途中跑、50米全程跑等，是学习快速跑基本技术的重点内容和环节；高抬腿跑、后蹬跑、加速跑、小步跑等是培养跑的正确姿势，发展跑的速度和体能，改进跑的基本技术行之有效的辅助性手段。小学快速跑的教学，应多结合一些快速跑的游戏进行，使小学生通过各种形式的快速奔跑的游戏，跑完一定距离，来改进跑的技术，培养跑的正确姿势。

（一）发展奔跑速度能力

1. 教学内容

"折返触物跑"游戏。

2. 教学目标

（1）学习各种发展奔跑速度的游戏方法，激发学生学习的积极性、兴趣体育性，增强学习的自信心。

（2）培养学生快速奔跑的能力，发展动作速度、灵巧和下肢力量素质，提高动作节奏感和判断力。

(3) 培养克服困难、坚持到底的意志品质。

3. 教与学步骤

(1) 课前在操场上准备若干条宽为 1 米、长为 12 米的跑道，并在跑道起点、5 米、8 米、12 米处各放置一只装水或装沙的塑料瓶。

(2) 教师讲述游戏的方法：当听到口令后，学生快速奔跑到 5 米处将塑料瓶拨倒，并立即返回到起点将瓶拨倒，第二次跑到 8 米处将瓶拨倒，再返回起点处将瓶拨倒（在第一次被拨倒后，起点同伴已将瓶扶起放正），第三次跑到 12 米处，再次将瓶拨倒，最后快速返回起点线，以最先到达起（终）点线者为胜。

(3) 教师讲解游戏规则，让学生理解、掌握游戏的方法。规则中特别强调：每次触物时必须将瓶拨倒，如果只触及而没将瓶拨倒，必须重新再拨。

(4) 在教师指导下，学生进行模仿练习，并指导学生折返时注意转体和降低重心，加快动作速度。

(5) 游戏开始时，跑的速度不宜过快，主要让学生体验折返跑时的身体姿势与动作感受，待练习一次后，再组织游戏竞赛。

4. 教与学提示

(1) 主要是通过游戏活动，发展学生奔跑时的动作速度和折返转身时的动作速度能力。因此，在游戏教学中，让学生体验途中跑时后蹬充分、有力，在保持一定步频的同时，努力加大步幅的动作速度感觉；在折返转身时，把握身体重心变化，变换调整动作频率，提高快速反应和动作速度能力。

(2) 在进行该项游戏活动时，可先让学生进行 8～10 米往返触物（或碰同伴的脚、膝、手等部位）跑的游戏，提高学生的动作和反应速度的能力。

(3) 根据学生的实际情况，教师可有针对性地调整折返的距离和次数；可随学生能力的提高，逐渐降低触物的高度，以增加难度。

二、小学跳远教学

小学低年级的跳远教材都是一些最基本、简单的跳跃动作，使学生掌握一些单、双脚跳和轻巧落地的方法；水平二和水平三阶段，增加了一些学习跳远技术的因素，以及发展力量等身体素质练习。发展弹跳力的练习，是提高跳跃能力和掌握跳远基本动作技术的重要内容和行之有效的辅助性手段。如：立定跳远、原地单双脚跳、蛙跳等，是发展下肢肌肉爆发力和身体协调性的有效手段。小学跳远的教学，也要通过多种跳跃的游戏，让小学生来尝试、体验跳远动作感受，不断积累经验，掌握跳远动作方法、技能，特别是通过练习来发展身体的协调性和跳跃能力，不应过多强调技术细节。

1. 教学内容

"比比谁跳得远"游戏。

2. 教学目标

(1) 培养学生跳远的能力，使学生能在快速奔跑中，从一定的区域内蹬地踏跳，双脚轻巧落入沙坑。

(2) 发展学生协调素质和弹跳力，体验跳远时的身体动作感受，培养身体正确姿势，提高观察力和时空感。

(3) 培养勇敢、自信、果断和克服困难的精神。

3. 教学步骤

(1) 在教师带领下，游戏前先进行以下练习。

①慢跑 3 步，做踏跳、腾空后屈膝缓冲落入沙坑动作，体验轻巧落地。

②5～6 步助跑，从踏跳板上踏跳后，使身体充分腾起，再轻巧落地，体验积极踏跳和身体充分腾起的身体感受。要求学生体会最后一步踏跳腿快速蹬伸，同时摆动腿积极快速向前上方摆动，上体保持正直的踏跳动作。特别强调踏跳腿充分蹬直髋、膝、踝三个关节，使身体充分腾起。落地时要注意屈膝缓冲。

(2) 进行"比比谁跳得远"游戏。

①教师讲解游戏的方法、规则和要求，并请学生做一次示范。

②首先进行规定助跑距离（12 米），利用踏跳板的跳远比赛，经过两个轮次试跳，最后以"优秀"达标数最多的队为胜。

③接着采用延长助跑距离（16 米），利用踏跳板的跳远比赛，以两个轮次试跳，"优秀"达标数多的队为胜。

④然后，按上述规定助跑距离，在 40 厘米宽的踏跳区起跳的跳远比赛。

⑤最后，采用自由选择助跑距离，进行"跳远擂台赛"，以第一个队员跳远的落点为依据，在沙坑外侧插上小红旗并随之前移。最后以创造最远落点的队员为"跳远擂主"（或称"跳远冠军"）。

4. 教学提示

(1) 在小学生初步学习跳远动作时，应将教学的重点放在助跑与踏跳相结合和轻巧落地上。本案例通过游戏活动，让学生体会动作要领，在此基础上逐步增加助跑距离，提高跳远的能力。因此，在进行该游戏前，可以先进行"看谁跨跳好""看谁落地稳"（屈膝下蹲）的游戏和比赛，然后再进行规定距离的跳远比赛游戏。

(2) 为了让学生得到充分的活动，教师应充分利用场地与器材，合理地组织加强辅助练习的补充，使学生得到更多的活动机会。

(3) 加强因材施教，关注学生的差异，及时采取有效措施，使每个学生都得到提高与发展。

三、小学耐久跑教学

小学生的耐久跑主要是通过不同距离的跑走交替、自然地形跑和定时跑等，来发展小学生的一般耐力和跑的能力，培养小学生刻苦、顽强的精神和意志品质。在田径运动中，400米跑属于短跑项目，距离较长、强度大，由于小学生的心肺功能比成人承受能力差，最大肺通气量、吸氧量等都比成人少，因此，结合小学生的生理特点和跑的速度与运动强度，在小学阶段，一般把400米作为发展小学生有氧代谢能力的耐久跑内容。由于小学生本身所具有的生理和心理特点，耐久跑的教学一定要注意和游戏相结合，不断激发学生参与练习的兴趣。

1．教学内容

"叫号领头跑""叫号结伴"游戏。

2．教学目标

（1）能较快地掌握用均匀的速度、轻松的步伐参与到跑的游戏，初步体会跑时的动作和呼吸节奏。

（2）培养跑的正确姿势，发展耐力素质和持久跑的能力，提高集体协同动作的水平。

（3）培养吃苦耐劳，克服困难的精神和坚毅、顽强的意志品质。

3．教学步骤

（1）学生分成6~8人一队，排成横队做原地跑步动作，并有节奏地进行两、三步一呼，两、三步一吸的练习，要求能用前脚掌先着地、摆臂配合协调，呼吸有节奏。

（2）进行"叫号领头跑"游戏：将学生分成若干队，每队6~8人，排成一路纵队，每队保持一定的距离，沿大圆圈慢跑。教师发出号数口令后，各组该号学生迅速从外侧跑出，排到本组当排头领跑。

（3）该游戏在练习数次后，也可穿插"叫号结伴"游戏。在慢跑中，当听到教师数字口令后，学生立即以数字规定人数手拉手聚集在一起，以剩下的学生为失败。

4．教学提示

（1）"叫号领头跑"游戏是在学生持续慢跑中，突然加快速度跑一段距离再保持慢速跑进，因此，要求学生组队人数不宜太多，间隔距离不宜太大，以免增加快速跑段距离而影响耐力。

（2）"叫号结伴"游戏宜安排在"叫号领头跑"游戏之后进行，教师可采用多种叫号方式，如采用计算结果在6以内的加、减、乘、除法；变化结伴方式，如手拉手、手挽手、脚碰脚等变化动作。

（3）在游戏活动中，教师要启发、引导学生在奔跑中体验呼吸的方法和跑的正确姿势，使学生跑得自然、轻松、耐久。

（4）游戏的场地可以随意选择，但要便于教学管理。

第二节　小学篮球教学

小学篮球的教学可以吸引学生积极参与体育活动，激发学生的运动热情，发展学生奔跑、跳跃、灵敏、反应、协调等能力，培养学生克服困难的意志，增强学生协作精神，使学生养成经常参与体育活动的习惯。

小学篮球的教学要根据小学生的年龄、生理特点和认知水平来安排，强调运用游戏的形式使学生学会一些最基本、最简单的技术。小学生刚刚开始接触篮球运动，往往会表现出较大的兴趣。因此，采用游戏教学教授学生要球、运球、传接球、投篮等基本技术，使学生建立初步的篮球概念并了解基本的篮球规则，提高学生跑、跳、投等身体基本活动能力，在游戏中和教学比赛中体验篮球的乐趣，培养学生的竞争意识和参与的积极性，促进学生的心理健康和社会适应能力的发展。这里以小篮球运球、传球、投篮综合游戏为例。

一、教与学目标

（1）积极主动参与游戏活动，友善对待游戏同伴，表现出良好的合作精神和体育道德。

（2）初步掌握运动基本技术，知道运动技术术语，会在游戏活动中运用技术。

（3）发展综合体能，培养竞争意识，形成坚强意志品质。

二、教与学内容

小篮球运球、传球、投篮综合游戏。

三、教与学方法

采用游戏法教学。

四、教与学步骤

（一）游戏准备

小篮球2只，篮球场1块。在距球场两端内3米处各画一条与端线平行的线。

（二）游戏方法

将学生分成人数相等的两队，每队分甲、乙两组，在球场两端线外成斜一路纵队站好。两队甲组排头各手持一只篮球。

（三）第一次游戏

教师发令后，两队甲组持球人迅速运球至乙组3米线处，将球传给乙组排头，乙组排头接球后迅速运球至甲组3米线处，将球传给甲组的第2位同学，依此类推，以速度快的队为胜。

（四）第二次游戏

分组方法同前。甲组运球至乙组3米线将球传给乙组排头后，接乙组排头的回传球投篮（必须投中）。乙组排头待投中后，运球至甲组3米线，将球传给甲组的第2位同学，按同样方法进行游戏，依此类推，以速度快的队为胜。

五、教与学提示

本案例是带有竞赛性的小篮球运球、传球、投篮综合游戏。通过游戏活动，学习小篮球基本技术，熟悉球性，提高控球能力。培养与同伴合作意识和竞争精神，体验成功和进步的愉悦。

运用游戏法教学，要有明确目的。应根据不同的教学任务以及学生掌握运动动作技能的程度，决定选用不同类型的游戏，不同的组织方法，以及不同的规则、要求。本案例是在学生初步掌握了运球、传球、投篮动作技能的基础上，运用这些动作技能去参加游戏、锻炼身体，进一步提高控球能力。

运用游戏法教学，要充分利用游戏活动的思想性、组织性、合作性等特点，因势利导地对学生开展心理健康和社会适应能力方面的教育与培养，实现课程标准提出的综合目标要求。

第三节　小学足球教学

小学足球教学的特点是用小足球、小场地进行踢球活动或比赛，对场地要求不高，可以在正规的小足球场上活动或比赛，也可以在篮球场、空地上活动；而且小足球比赛的规则简单，只要孩子们会用脚踢球就可以玩起来，便于在小学里开展。小足球活动对于发展学生的奔跑能力和下肢力量、身体灵活性，提高心肺机能以及培养勇敢顽强、团结协作等优良品质都有很好的作用。这里以学习脚背正面运球作学习和参考。

一、教与学内容

脚背正面运球。

二、教与学目标

（1）知道脚背正面运球的动作方法，初步掌握运球技术动作技能，会跑动运直线球。
（2）培养合作与竞争意识，提高社会适应能力。
（3）发展基本活动能力，提高综合身体素质。

三、教与学方法

小群体学习法、练习法。

四、教与学步骤

（1）将学生分成若干个学习小组（6～8人为宜），教师提出学习内容、学习方法和学习要求。

学习内容：学习用脚背正面运球的方法。

学习方法：①自学自练；②互帮互学；③小组学习。

学习要求：①积极参与，乐于学习；②互相观察，互相帮助；③掌握正确的运球方法。

（2）分小组观看运球动作图，互相研究、讨论，自己徒手模仿运球动作。

（3）小组内每2人一队，用实心球做运球辅助练习。

①1人用脚踩球，另一人做上步脚背正面触球。

②2人交换做边走边用脚背正面推球的练习，互相观察，互相帮助。

（4）小组内结合小足球做脚背正面运球的练习。同学之间互相观察、评价、纠正、示范。

（5）小组间活动。各小组推荐1~2名运球动作掌握较好的同学，进行小组间互评，学生充分发表个人意见，教师及时给予评价。

（6）小组间运球接力赛。

五、教与学提示

本案例运用体育小群体教学模式，学习脚背正面运球动作技能，培养学生合作学习的意识。这是"在教师的指导下，教师与学生之间、同组内学生与学生之间、小组与小组之间通过运动，互相切磋与观察，从而提高教学效率的一种教学模式"。这种模式能够促进学生合作能力的发展，通过学生的个人努力和与同伴进行协作，学习技能，学会合作，增强自信，提高社会适应能力。

小学高年级是与初中相衔接的时期，他们的认知水平，模仿能力，明显区别于小学中低年级学生。在教学中，采用体育小群体教学模式，有利于满足学生在学习中希望结友、交流情感、讨论问题的需要。事实上，教学及日常生活中，学生所接受的信息不完全来源于教师，大量的信息还来自于同伴、媒体等。如果教师启发得当，会收到事半功倍的教学效果。

第四节　小学软式排球教学

一、小学软式排球教学特点

小学软式排球和篮球、足球等球类运动一样具有对抗性、集体性、综合性和游戏性等特点，深受小学生的喜欢，对锻炼学生身体，提高心理素质，发展社会适应能力，具有一定的作用。由于小学生的身体正处于生长发育时期，手指尚在发育中，软式排球主要在小学高年级开展，作为排球运动的启蒙活动。在小学开展软式排球教学，主要是让学生熟悉球性，培养对排球运动的兴趣。

教学内容的选择要符合小学生身心发展、年龄特征和认知水平，要充分考虑学生已有的知识、技能和经验，从学生的需要、兴趣和能力出发，其教材结构、内容和教学形式应有利于学会学习，有利于学生的自我锻炼、自我评价和促进自我发展。

二、小学软式排球教学建议

（1）要突出游戏特点，对排球动作技术不要作过多的细化。教学时，要通过各种游戏的方式，熟悉球性，提高对排球的控制能力，激发小学生对学习软式排球的兴趣，以促进软式排球基本技能的掌握，发展学生的体能，有效地增进健康。

（2）要讲究教学方法，加强学法指导。教师在教学中，要尽可能地创造条件让学生多接触球，小学生的理解力、自制力相对较差，模仿能力较强，教学中要精讲多练，多做示范；要充分发挥游戏活动的作用，激发学生的运动兴趣，调动学生学习的积极性和主动性，引导学生学会学习。教学中，不仅要重视学生运动技能和知识的掌握，还要关注学生心理的发展和社会适应能力的提高，教学应指向多元教学目标。

（3）突出游戏的兴趣性。小学生自制能力和理解力相对较差，情绪变化较大，教学应多采用主题教学、情境教学、复式教学等方式，充分发挥软式排球游戏教学的作用，激发学生参与的积极性，提高教学效果。

（4）提高学生自学、自练的能力。教学中要注意引导和指导学生根据图示和教师的示范，进行模仿练习，并在软式排球的教法上为学生自主练软式排球创设空间，促进他们自主学练软式排球能力的提升。

（5）为学生构建平台，培养他们创造力和竞争力。软式排球具有排球运动的特点，具有对抗性、集体合作性，教学中有些教学内容教师可以只提要求，不讲方法，让学生自己去尝试、去体验、去感知，使学生通过个人努力和与同伴协作，以克服困难，获得成功，促进竞争与合作意识的发展。

第五节 小学羽毛球游戏与教学

小学生初学羽毛球，主要掌握正确的握拍方法，熟悉球拍和球的性能，学会用高手和低手的方式击球，能运用所学到的技能游戏和娱乐，从而达到陶冶身心、培养意志、增进健康的目的。下面介绍几种羽毛球游戏方法，供同学们自学及今后从事小学教学参考。

一、羽毛球游戏

（一）熟悉球性游戏

（1）原地正、反拍颠球。

(2) 移动正、反拍颠球。

(3) 颠球接力游戏。

颠球游戏可根据学生熟悉球性程度以及实际水平有所变化。

变化一：颠球高度的变化，颠出的球有高有低。

变化二：身体变化，颠球后转体360度接颠球。

变化三：球拍变化，可正、反拍交替颠球。

变化四：位置变化，颠球后触摸物体接颠球。

变化五：计数变化，颠球比多。

（二）低手击球游此

(1) 正、反拍低手击悬挂的球。

(2) 正、反拍低手对墙击球。

(3) 正拍低手击自抛球入筐。

(4) 1人抛球，1人用正、反拍低手击球；

(5) 2人1组，正、反拍低手对击球。

（三）高手击球游戏

(1) 高手击悬挂的球；

(2) 高手击抛（发）来的空中球；

(3) 高手击球比准。

二、小学羽毛球正手低手击球游戏教学

（一）教与学内容

羽毛球正手低手击球游戏。

（二）教与学目标

(1) 学习羽毛球正手低手击球方法，熟悉球拍和球的性能，逐步提高控球能力，培养对羽毛球运动的兴趣。

(2) 发展学生的观察、判断、思维、反应能力，提高动作速度。

(3) 培养合作与竞争意识，提高心理健康水平，适应未来社会发展。

（三）教与学方法

小群体学习法、练习法、游戏法

（四）教与学步骤

(1) 根据教师要求，学生组合成若干个学习小组。

(2) 教师示范并讲解正手低手击球的动作要点，提出问题。

①怎样才能使球拍挥得快。

②怎样才能击球准。

③怎样控制球的飞行方向。

（3）分组观看挂图，或结合示范与讲解，2人1组，徒手模仿挥拍击球动作，相互观察，相互纠正，教师巡回指导，提示注意点。

（4）分组做正拍低手击悬挂的固定球练习，组内相互学习。

（5）2人1组，相距5米，1人抛球，1人击球。

（6）各组推荐或自荐1－2名学生进行组间交流，学生、教师共同评价。

（7）击球比多游戏。

游戏方法：按原分组，2人相距五米左右，在规定时间内相互对击球（球落地可捡起继续对击），最后统计各组总击球数，次数多的组名次列前。

（五）教与学提示

本案例运用体育小群体教学模式，采用练习法、游戏法等学习方法。在教师指导下，分成若干个学习小组，通过组内学生之间、小组之间的相互合作、相互观察、相互研究、相互学习，充分发挥同伴间相互影响的良好作用，提高教学效率。

体育小群体教学模式虽然较多地体现在合作学习上，但是也不可忽略竞争，合作与竞争并重是社会发展、个人生存必不可少的两个要素。为了使学生适应未来社会发展，必须重视现代竞争意识培养。

运用体育小群体教学模式进行技能教学时，教师要把握住教学方向，设置的问题要符合学生的实际，使之在寻求解决方法时，不脱离既定教学目标。

第六节　小学乒乓球教学

乒乓球是小学生非常喜爱的运动项目，而且是我国的国球，乒乓球技术应该从小培养，乒乓球运动可锻炼学生身体协调性和提高反应速度，培养沉着冷静，机智果断的心理素质以及对乒乓球运动的兴趣，进一步促进学生身体健康。这里以挡球游戏为例介绍小学乒乓球教学。

一、教与学内容

挡球游戏。

二、教与学目标

（1）学习乒乓球挡球方法、初步掌握击球动作手法，熟悉球性，提高控球能力。

（2）改善学生的思维、反应速度，提高身体协调性。

（3）培养沉着冷静，机智果断的心理素质，形成良好的合作与竞争意识。

三、教与学方法

游戏法、练习法。

四、教与学步骤

(1) 教师示范挡球动作方法，讲解挡球动作要点，列举挡球的多种练习方法。

(2) 第一次练习：每人1拍1球，做对墙挡球游戏，先靠近墙，然后逐渐拉开距离，先要求连续挡5次，达到后，争取连续挡8~10次，逐步增多挡球次数。

(3) 第二次练习：2人1组，做不接触台面的对挡球游戏。要求相互配合，控制好球的落点。计算对挡球次数。

(4) 第三次练习：2人1组，在水泥地面上做对挡球游戏，计算对挡球次数。

(5) 第四次练习：分组在台面（或地面）上做挡球比多擂台赛游戏，培养合作竞争意识。

五、游戏方法

将学生分成若干组，每组先由两名学生进行对挡比赛，失误者被替换下场，获胜者为擂主，其他学生轮流与其对阵，直至新擂主产生，游戏继续进行。

六、教与学提示

小学阶段的乒乓球教学，主要培养对乒乓球运动的兴趣和参与意识，了解乒乓球基础知识，初步学会几种基本击球方法；改善学生的反应速度、动作速度，提高身体的协调能力，培养良好的意志品质，促进身心协调发展。

学习乒乓球动作技能，主要以游戏的方式进行。首先要基本熟悉球拍和球的性能，掌握击球时的动作手法、拍形变化和用力大小，提高控制球的能力。其次，可利用墙面、地面、桌面进行个人练习和同伴间的练习，增加接触球的机会。

乒乓球游戏中，两人合作练习的内容比较多。尤其在初学阶段，要使游戏能持续进行，就必须两人较好地合作。这对培养学生具有良好的合作精神和体育道德，增强社会适应能力是有促进作用的。教师在教学中要关注这一学习领域，保证这些学习目标实现。

第七节　小学体操教学

通常在小学的体育课教学中的体操内容有很多，如广播体操、武术操、技巧运动、跳跃、艺术体操等，根据各项内容的不同，对小学生的身体发展也就各有各的好处和优势，根据小学生自身特点的不同，采取不同的体操形式让体育教学更加丰富多彩，提高了学生对体操的兴趣，体操内容的增加可培养学生勇敢坚强、坚韧不拔的作风及其严格的组织性和纪律性，准确、协调一致的良好作风，同时也能培养孩子们的协作能力，让孩子们能学习到更多东西。这里以小学技巧、支撑跳跃教学为例。

一、小学技巧、支撑跳跃教学

（一）小学技巧教学的特点、要求和注意事项

1. 小学技巧教学的内容特点

小学技巧教材从水平二开始进行安排，内容包括"仿生动作""滚动与滚翻""后滚翻""跪跳起""仰卧推起成桥"及其组合动作。其特点是：

（1）以学生的发展为中心来选编教材内容，注重教材的兴趣性、生活性、实用性。

（2）在单个动作基础上安排组合练习，以促进学生综合活动能力的提高。

（3）以教材内容为载体，充分体现教材的显性价值（如技巧运动能改善前庭分析器的功能，发展平衡和协调能力）和隐性功能（如技巧运动的教育功能等）。

2. 小学技巧教学的要求和注意事项

（1）在学习单个动作的基础上体验简单的组合动作，以培养学生的创新意识。

（2）要注意让学生体验活动时的心理感受，提高学生参与体育学习的主动性和积极性，树立自尊与自信。

（3）培养学生在活动中勇于展示自我，提高身体素质，促进学生健康发展。

（4）在学习过程中做到互帮互学合作互动，共同进步，体验集体活动的乐趣和情趣。

（5）在游戏中培养和形成良好的意志品质，树立安全活动的意识。

（二）小学支撑跳跃教学的特点、要求和注意事项

1. 小学支撑跳跃教学的特点

小学支撑跳跃教材从三年级开始出现，内容包括"跳上、跳下"的动作教学和"山羊分腿腾越"，要求学生能结合跳上、跳下动作完成一套简单的组合动作和熟练掌握支撑跳跃基本动作技术。在进行支撑跳跃教学时，既要抓住教材本身的重点，更要把握教学上的重点。在教材重点上，应抓住助跑踏跳的动作教学；在教学重点上，则应把握住勇敢、自信等心理品质和合作意识与能力的培养。

2. 小学支撑跳跃教学要求和注意事项

（1）加强教法和学法研究。支撑跳跃教学，需要学生克服障碍，教师要重视研究适应教学的教法，如采用主题式教学、情境教学、分层教学、游戏教学等。同时，教学是师生交往、互动和共同发展的过程，在重视教法研究的基础上，教师要重视学生学法的研究，用教法带学法，以学法促教法，如在统一练习的基础上，加强学生自主学练的指导；要经常给学生创设自主、合作学习的环境，如小群体学习等。

（2）突出教学的游戏性。小学生喜欢在器械上做各种跳跃练习，教师要设计多种支撑

跳跃的教学游戏，在教学过程中，不断引导学生主动地参与学习，激发他们的学习兴趣，增强学习的自信心，提高学习情绪，形成克服困难的意志品质。

（3）促进体能发展。教师要通过支撑跳跃这个载体，增强学生的下肢、上肢、肩带以及腰腹肌力量，发展身体的灵敏和协调性，同时，支撑跳跃又是一项实用性很强的技能，学生熟练掌握后，有利于提高应变能力和增强处理突发事件的能力。

（4）加强保护与帮助。支撑跳跃教学，不仅需要学生克服外在的客观障碍，在一定意义上，更需要学生克服自身的心理障碍。教学中，教师要注意安全教育，加强对学生的保护与帮助，也要重视对学生学会保护与帮助的指导，提高学生学习运动技能的安全意识，使学生在安全、愉快的环境中学习、锻炼、提高，增强自信心和提高意志力，更好地促进学生体能发展，增进健康。

二、小学技巧教学

（一）教与学内容

滚翻组合练习。

（二）教与学目标

(1) 学会简单的组合练习，发展灵敏性和协调性。

(2) 培养学生具有展示自我的意识和能力。

(3) 培养学生协调配合和创意学习的意识和能力。

（三）教与学步骤

(1) 布置好场地，并准备两个小篮球或排球，一个塑料圈（直径80厘米左右）。

(2) 教师结合示意图讲解，并请同学演示各项练习。

(3) 分组活动。

①双人练习：前滚翻起立，接球，两人互换。

②单人练习：自己向前方抛球，迅速做前滚翻，起立后接球；

③单人练习：前滚翻穿圈，接后滚翻穿圈。

(4) 轮换活动内容。

(5) 创意活动。学生以个体或2~4人的小群体为单位，通过创造性的想象活动，设计出新的动作组合。

（四）教与学提示

(1) 练习项目可根据学生的需要调整，但必须以滚翻为主。

(2) 教师要掌握好练习和轮换的时间比例，保证各组的练习效果。

(3) 做"前滚翻起立，接球"练习时，前滚翻动作熟练，起立后站得稳。滚翻人和传球人配合默契。

(4) 做"自己向前上方抛球，迅速做前滚翻，起立后接球"时，要求"抛—翻—接"

动作协调。初练时，由于学生对抛球的高度、速度和前滚翻的动作速率之间的关系比较模糊，可让他们作几次尝试性练习，同时，教师或同学可在旁用语言提示。

（5）做"前滚翻穿过圈，接后滚翻穿过圈"练习时，学生可能会产生心理障碍。这时教师既要进行心理疏导，又要加强帮助。帮助的方法是：保护者托起练习者的腿，帮助其过圈。

（6）开展"创意活动"时，教师可启发学生运用已学过的动作，或者看见别人做过的动作进行联想组合。学生做的动作可能比较粗糙，但教师要发掘学生的长处，用"真不错！""很有想象力！""你真行！"等具有激励性的语言进行表扬和鼓励。

三、小学支撑跳跃教学案例

（一）教与学内容

跳上、跳下组合练习。

（二）教与学目标

（1）会做跳上成蹲撑，向前跳下接前滚翻的组合动作。

（2）发展平衡、灵巧、协调和自控能力，提高跳跃能力。

（3）培养选择性学习的意识和具有自信、展示自我和自我保护的能力。

（4）培养勇敢、果断和克服困难的精神。

（三）教与学步骤

（1）布置好场地。跳箱高度：80~90厘米。乒乓球台上安放垫子。

（2）为了满足学生的选择性学习，在场地周围摆放一些器具，如小篮球或排球、塑料圈等。

（3）教师结合示意图讲解，并请同学演示各项练习。

（4）采用循环练习的方法。

①跳上成蹲撑，起立，分腿跳下。

②跳上成蹲撑，起立，挺身跳下。

③跳上成蹲撑，起立，屈腿跳下。

④跳上成蹲撑，起立，转体跳下。

⑤跳上成蹲撑，起立，向前跳下，接前滚翻。要求：助跑、起跳有力，空中姿势舒展，落地平稳，前滚翻动作连贯。

（5）选择性学习。启发学生自由选择1~2种空中姿势与落地后的前滚翻动作结合起来进行展示，鼓励学生充分展示自己的才能。

（四）教与学提示

（1）如有些学生完成动作有困难，可适当降低跳箱高度，并加强保护与帮助。

（2）"跳上成蹲撑，起立，向前跳下，接前滚翻"是第一次出现，教师要重视教法和学法的指导，如可适当降低跳箱的高度，并加强保护与帮助。教学的重点是跳下后与前滚翻动作要连贯。

（3）选择性学习中蕴含着创意活动的因素，教师应鼓励学生在选择的过程中创造性地做好动作，如空中抱球屈腿着地接前滚翻。

（4）没有跳跃器械或数量不够的学校，可因地制宜。如利用自然台阶、领操台、乒乓球台等。练习时可让学生跳上成蹲撑，起立，向后转身跳下。这不但可以解决器材不够的困难，而且可以为学生创造更多的练习机会，同样能完成教与学的任务。

第八节　小学武术教学

一、小学武术教学的特点

小学武术主要学习基本功、基本动作和简单的武术组合动作以及动作串联和简单的武术套路，提高学生动作的准确性和连贯性，使学生初步体会武术的特点，增强各关节、韧带的柔韧性和灵活性，培养学生认真刻苦的学习态度和吃苦耐劳的意志品质。

小学武术教学，要根据学生年龄特点，注意循序渐进，同时又要严格要求，加强基本功和基本动作的教学，强化武术意识，以多种形式进行生动活泼的武术教学，要采用游戏等方法活跃课堂气氛，创设宽松和谐的学习氛围，给学生创设交流、合作、自我展示的时间和机会，培养学生自尊与自信，自练与自评的能力，使学生学得主动、练得愉快，努力提高学生学习武术的兴趣和参与意识。同时，教师要不断加强思想教育和武德教育，逐步使学生养成良好的意志品质。教学时，教师讲解要简明扼要，突出重点，动作组合、路线及连接部位要交待清楚，选用的示范方向要符合学生接受能力。

二、教学策略的选择与运用

（一）激发学生的学习兴趣

兴趣是学习的初始动机，是学习最好的老师，学生的学习兴趣直接影响着学习行为和效果，是学生有效学习的保证。武术学习兴趣可以从以下几方面进行。

1. 帮助学生建立学习武术的信心

兴趣的维持是与学习信心紧密相关的，学生如果感到没有学会的希望，兴趣就会消失。

教学中学生对武术动作的学习是从模仿开始的。从某种角度来讲，学生的模仿是一个探索的过程。在某种程度上，学生自己并不知道模仿得正确与否。只有通过老师和同学的肯定才能认识和强化模仿的正确结果，看到自己的进步，产生成就感，从而增强信心。所以教学中教师正面的表扬、夸奖、肯定、引导对初学的学生非常重要，也是学生建立学习信心的关键。通常在教学指导中先夸奖正确的，然后再指出如何改进动作，让学生感到进步的同时又明确努力的方向。

2. 创造愉快的学习气氛，不断提高学习武术的能力

人们都喜欢在愉快的氛围中学习和工作，愉快会使学生产生积极情绪，是增强兴趣的保证。在教学中抓住学生年龄特点，设计形式多样、生动活泼的学习形式。多安排竞争性的武术游戏，为学生提供展示的机会，对学生多表扬肯定，满足学生的心理需求，使学生在愉悦的课堂氛围中学习。另一方面，随着武术知识、技术的积累，要发展学生自学、自练的能力，培养独立获取武术知识、技能的能力，但要循序渐进。

3. 教师的表率示范

教学中，教师的言行随时会受到学生的关注和评判，学生会因为喜欢一位老师而对这位教师教的内容产生兴趣。

首先，教师要体现出发自内心的对学生的爱，要耐心帮助学生克服学习中的困难，使教师的关心和爱护转化为学生对武术的学习兴趣。其次，教师要着装整洁，态度和蔼可亲，保持良好的精神状态。最后，教师示范动作标准精彩，口令清楚简洁。这样的言行、仪表无形中对学生会产生一种感染力，满足学生的审美需求，激发学生模仿欲望，产生对武术的学习兴趣。

4. 展示武术内涵魅力

随着学习的深入，学生对武术知识技能的渴求会逐渐增加，教师应了解和把握学生的求知欲，适时将武术博大精深的文化内涵，以学生能够和乐于接受的方式传授给学生。这需要教师挖掘中国武术几千年流传至今所承载、积淀的文化内涵和精髓。

例如：讲著名武术家的故事，可让学生了解武术的练习过程和武德的内涵；讲解武术独特的练习方法与其他项目的区别，使学生懂得武术练习方法的独特性和科学性，使学生充分了解武术对自身发展的意义，让学生感受到武术的魅力，从而激发学生的武术学习兴趣。

总之，激发学生的武术学习兴趣是一件重要而持久的任务，教师在教学中要随时注意了解学生的心理需求和变化，根据具体情况和情景从以上各方面来综合实施。

（二）掌握武术动作的功架结构、动作运行方向、路线的变化特点等，发挥武术的教学特点

1. 讲解法

（1）讲解的类别

①讲解术语名称：武术动作的术语一般是按动作结构或形象取名的，既说明动作的特征，也表达了动作的涵义。所以要给学生讲清楚术语名称。

②讲解完整动作的基本组成单位：武术动作由基本步法、步型、手法、手型组成。讲解一般先下肢（步型、步法）再上肢（手型、手法），然后再讲上下肢配合和眼看的方向。

③讲解动作的攻防含义：武术动作都有技击含义，教师抓住典型动作加以讲解可以达到激发学生学习兴趣的效果。

④形神合一的讲解：在掌握组合动作或整套动作基础上进行形神配合，做到眼随手动、步随身转、手到眼到、身到步到。

⑤讲解套路的节奏：在掌握组合动作的基础上，逐步要求身体各部位运动的速度、动作衔接的速度，以及动与静、虚与实的配合。

(2) 讲解法的运用

教学中对动作的讲解，是教师自己在头脑中对动作非常清楚的情况下，针对教学对象的具体情况，要有针对有目的地加以实施。通常分几种情况而侧重不同的内容进行讲解。

①针对初学动作：主要讲解动作的运动路线，动作过程中肢体的运动方法，运动方向、方位，四肢如何协调运动完成动作，使学生了解动作的大概。

②巩固动作阶段：主要讲解动作的细节、要点和攻防含义，使学生进一步了解把握动作要领。

③提高动作阶段：主要讲解动作的神态表达方法，精、气、神如何体现。

④讲解要精练、简洁、清楚、准确，少讲多练。

⑤教学中的讲解应多用武术术语，武术术语能充分表达动作的特点，也是武术特有的文化内容之一。

⑥针对不同情况抓住主要的问题突出重点进行讲解，防止面面俱到。

另外，教师在每次教学后对讲解的内容、语言表达的方法以及当时具体的情况进行回忆、总结积累，有助于提高讲解能力。

2. 示范法

示范次数多、示范面多、示范方位多是武术教学的一大特点，武术学习中如果没有看过示范动作而光凭想象和技术图解很难了解和掌握拳种的特点，所以教学中的示范对学生学习掌握武术动作至关重要。

教学中，示范的方式要依照学生动作学习的规律进行，动作的示范常常是和讲解结合使用的。所以示范也分几种情况进行。

(1) 初学阶段：对初学者的动作示范要慢，将动作的起止点、动作的过程、方向和四肢的配合用很慢的速度进行示范，让学生看清动作，便于模仿。

(2) 巩固阶段：此阶段的示范要把动作的难点和关键环节示范清楚，让学生对正确动作有进一步的了解。示范面以背面为主，示范方位以在学生左前方为主。套路教学时，示范者要随队形方向的变化而不断变动自己的位置；或采取示范者不动，让学生原地转过来，示范者再继续示范或领做，以免示范者满场跑。

(3) 提高阶段：此阶段的动作示范，要具有动作风格特点的效果，让学生看到努力提高的方向。

总之，教学中教师对动作的示范是具有层次和教学目的指向性的，教师要用示范来引领学生的进步。

3. 练习法

练习法是掌握武术动作技能和锻炼身体的主要方法。为提高动作的规范化，可进行分段练习；为增强身体的锻炼效果，可多采用提高速度力量的小强度间歇法练习。每次练习要提示重点和难点，并使各部位都得到活动；动力性练习与静力性练习，以动力性为主；基本功的练习以柔韧性和爆发力为主。

三、武术教学中伤害事故的预防和处理

学生在武术学习过程中常见的伤害事故有肌肉拉伤、关节扭伤，特殊情况下有时会发生骨折。预防受伤主要从以下几方面入手。

（一）充分的准备活动

准备活动做充分，身体的各关节和肌肉才能得到预热性的活动，随着肌肉的温度升高，粘滞性降低，肌肉的松紧活动更加轻灵，能很好防止肌肉拉伤。关节的预活动使关节的活动范围增加，力量和灵活性提高，能有效防止关节受伤。

（二）认真研究教制动作包含的危险因素，教学中有意识控制好学生按正确方法练习

例如基本功中的"侧踢腿"动作，学生在练习中起腿时如果直接横向起腿而不是外转将脚尖朝上的话，胯就容易拉伤。"外摆腿"动作中，当腿经过最高点后外展时，髋关节应配合动作向外转动一定角度。如果还正对着起腿的方向，那么髋关节就容易受伤。另外，教学中教师要对学生强调，动作的幅度和力度一定要循序渐进，防止超出能力范围而受伤。

（三）加强柔韧性和力量练习

肌肉的拉伤往往是因为动作的力量超过肌肉力量造成的。关节的受伤经常是因为动作的幅度超过了关节的活动范围和肢体的活动角度不当形成反关节运动而引起的。所以柔韧性和力量练习能很好地起到防止受伤的作用。

（四）做好整理活动

整理活动是使学生从兴奋和疲劳状态科学合理地快速恢复到平静状态而进行的放松活动。整理活动方法很多，有松柔体操、肌肉拉伸活动和音乐伴奏下的放松舞蹈、慢走等。武术课的整理活动可以结合武术、气功、意念、太极等内容创编具有武术特色的放松活动。以下是创编时的几点建议，供参考。

（1）动作放松、柔和。

（2）拉伸肢体肌肉。

（3）配合深呼吸。

（4）配合放松意念。

（5）有条件时可用柔缓优美的音乐伴奏。

（五）加强安全教育

让学生树立安全第一的思想，能力达不到的不勉强，不做不安全的危险动作。

参考文献

[1] 陈琪军. 小学体育教学浅论 [J]. 甘肃教育，2018（7）：69.

[2] 陈雪红. 中小学体育教学设计与实践 [M]. 北京：北京师范大学出版社，2010.

[3] 程世宏. 中小学体育教学单元设计实践研究 [M]. 北京：九州出版社，2015.

[4] 杜国如. 学校体育健康新视野 [M]. 南昌：江西科学技术出版社，2017.

[5] 高俊霞. 小学体育教学策略与案例分析 [M]. 石家庄：河北美术出版社，2017.

[6] 高钦佩. 与时俱进的小学体育教学 [J]. 速读（下旬），2018（6）：244.

[7] 高蕴杰. 小学体育的兴趣教学 [J]. 田径，2015（4）：42－43.

[8] 郝国齐. 浅析小学体育教学 [J]. 东西南北（教育），2018（4）：47.

[9] 胡安江. 小学体育教学浅析 [J]. 师资建设（双月刊），2018（1）：83.

[10] 姜全林. 中小学体育教师校园足球教学能力培训教材 [M]. 杭州：浙江大学出版社，2017.

[11] 李彦峰. 小学体育微课浅析 [J]. 魅力中国，2018（51）：39.

[12] 李玉英，宋超美. 小学体育与健康新课程教学探索 [M]. 厦门：厦门大学出版社，2015.

[13] 齐向红. 试论小学体育教学 [J]. 引文版（教育科学），2015（10）：288.

[14] 乔树明. 浅析小学体育教学 [J]. 引文版（教育科学），2015（10）：164.

[15] 裘松杰. 做学生健康引路人 一名小学体育教师教学行思录 [M]. 杭州：浙江大学出版社，2017.

[16] 唐军良. 中小学体育教学技能训练的理论与实践 [M]. 长春：吉林人民出版社，2021.

[17] 王杰. 简析小学体育教学 [J]. 赢未来，2018，（5）：240.

[18] 王玲. 浅谈小学体育教学 [J]. 软件（教学），2015（7）：267.

[19] 王映林. 小学体育教学 [J]. 俪人（教师版），2015（17）：368.

[20] 卫洪光. 中小学体育德育一体化的实践研究 [M]. 上海：华东师范大学出版社，2018.

[21] 杨立国. 中小学体育教学疑难问题会诊 [M]. 北京：人民教育出版社，2014.

[22] 杨鹏飞. 浅谈小学体育教学 [J]. 幸福生活指南，2018（1）：171.

[23] 杨伟. 浅谈小学体育教学 [J]. 软件（教学），2015（6）：318.

[24] 朱水敏. 中小学体育教师综合素质提升策略 [M]. 宁波：宁波出版社，2013.

[25] 张晓琪. 谈谈小学体育教学 [J]. 中外交流，2018（5）：222.

［26］赵景莲. 浅议小学体育教学［J］. 中国校外教育，2018（5）：35.

［27］赵立功. 我国中小学体育课程价值与实现［M］. 石家庄：河北人民出版社，2015.

［28］朱水敏. 微课实录丛书·中小学体育卷［M］. 宁波：宁波出版社，2017.